「いままで通り」より大切なこと

新しい時代は「逆転の発想」で生きる

櫻井秀勲

きずな出版

はじめに
いまこそ、シフトを変えていこう

新型コロナウイルスの世界的流行は、私たちの生活を大きく変えました。

「もう、元通りの生活には戻れないんじゃないか」

という不安を抱《かか》えている人は少なくないでしょう。

大きな変化を迎えるとき、私たちは、誰もがそうした不安を体験します。

私が実際に体験したことでいえば、第2次世界大戦で日本が敗戦国となったときも、当時の人たちは、いまと似たような「不安」を抱えていました。

東京も爆撃を受けて、焼け野原になり、それこそ、誰もが、何もかもを失ったわけですが、そんな「変化」も乗り越えられるのが、人間の凄《すご》いところです。

これからを考えたときに、「元通りにならない」のは、寂しいことでもあり、悲しいことでもあります。不安になるのは、当然の心理です。

でも、敗戦のときのことを思うと、私は心配いらないと思うのです。

もちろん、戦争とウイルスは違うでしょう。

けれども、どんなに大きな変化があっても、私たちは生き延びていきます。

これからの飲食業界はどうなるのか、クラブやバーはどうなるのか、と考えたときに、もう成立しなくなってしまうのではないか、なくなってしまうのではないかと思う人もいるかもしれませんが、そんなことはないでしょう。


これまでのスタイルが変わることがあっても、それ自体がなくなることはありません。

ウイルスも、ワクチンができれば、怖いものではなくなります。

かつては肺結核になれば、隔離《かくり》されて死ぬのを待つしかない、という時代もありましたが、いま結核になったからといって、すぐに死を連想する人はいないでしょう。

だからといって、安心できるわけではありません。

いつ新しいウイルスが、どの国から出てくるか、まったく予断を許さないからです。果たして人類がこの先、楽しい未来を謳歌《おうか》できるかといえば、ノーでしょう。

なぜなら地球上の国々は、100年ほど前のスペイン風邪流行のときと違い、非常に狭くなっているのです。飛行機で簡単にほとんどの国へ行けるし、大型船で、いっぺんに大量の人たちが移動できるからです。

つまり、世界の片隅で新種のウイルスに一人の人間が罹《かか》ったとしても、新型コロナウイルスが感染拡大していったように、あっという間に広がってしまうでしょう。

当然のことながら、大勢の市民がひしめく大都会ほど、危険は高くなります。そのことは、今回の新型コロナウイルスで、全人類が恐慌《きょうこう》の体験を積んだといえるでしょう。

その危険が潜《ひそ》んでいるのです。そうであるなら、少しでも危険度の低い故郷に住むほうが安心ではないでしょうか。

これまでは、村から町、町から市、市から大都会へと向かうのが、多くの人の夢でした。その夢を、そのまま見続けていいものでしょうか？

では大都会に出て、どんな生活になるのでしょうか？

もしかすると、めったに大学の校舎に入ることがないかもしれません。勉強はすべてネットに切り替わる可能性すらあります。

すでに、学校法人角川ドワンゴ学園N高校の例があります。ここでは授業やレポート提出は、インターネットを通じて行われています。

教育現場だけでなく、企業も社員が顔を合わさずに仕事をする、という形になりつつあります。

また東京や大阪のような大都会には、魅力的なスポーツや音楽を楽しめる大会場がありますが、まもなくそれも下火になっていくでしょう。

これからは、なるべく顔を合わさない社会が出現することになります。

では顔を合わさない日常とは、どんなものになるでしょうか？

いまのところ見当がつきませんが、顔を合わせない毎日が続くとしたら、たとえば大都会に出てくる必要があるのでしょうか？

私たちには誰でももつ「憧れ」というものがあります。

それは「小から大」への憧れです。しかし、もしかすると、この憧れが消えてなくなるのかもしれません。

そうであるなら、この際、自分の生き方を再点検してもいいのではないでしょうか？

何年かたてば、新型コロナウイルス禍《か》も、歴史の一頁《ページ》になるだけです。

けれども、その歴史の一頁を体験していることは貴重です。

その最中《さなか》にいる今こそ、これまでの生き方を見直す、絶好のチャンスだと考えましょう。

古い考えやスタイルを捨てるのです。

元通りになることより、元よりも楽しくなる生き方にシフトさせていきましょう。

櫻井秀勲

目次

第2章　時代は、こう変わっていく

第3章 自分独自の道を開こう

第4章 生き抜く力をつける

第5章　その他大勢にならない

第6章 慣れない世界で生きる覚悟

第7章 変化の先の未来を呼び込む

新しい時代は「逆転の発想」で生きる

「いままで通り」より大切なこと

第 1 章

これまでの常識は通用しない

都会に出なくても、成功の道は開ける

「大都会に出なければ、道は開けない」

そう思って進学や就職のため、故郷を離れた人は多いでしょう。

そのために、地方の過疎化、高齢化は進んでしまったわけです。

けれども、これからの時代、大都会に出ることは必要でしょうか。

新型コロナウイルス禍では、大都会ほど感染が拡大しました。

昔から「都会になんて出ればロクなことはない」と古い考え方の親たちは決めつけ、娘や息子を手元に置いておきたいと考えたものです。

なぜ、そんなふうに考えるかといえば、都会には「誘惑」が多いからです。

簡単に「裏社会」に引き入れられて、人生を踏み外《はず》すようなことになるのではないかと心配したのです。

実際に、そういう危険がまったくないとはいえません。慣れない世界では、正しい判断ができず、つき合わなくてもいい人とつながってしまったり、触れなくていいものに触れたりすることがあります。それが、思わぬ危険を引き寄せてしまうことになるのです。

新型コロナウイルス禍が、まさにそれといっても過言ではないでしょう。

人混みにいるだけで、感染する可能性があり、それに罹れば、数週間で命をなくすということが、実際にあるのだということを、私たちは目《ま》の当たりにしました。

それは１００年前のスペイン風邪の大流行でも同じでしたし、近くはSARS《サーズ》でも同じです。小松左京の小説に『復活の日』がありますが、これを読むと、ウイルスの知識が広がるかもしれません。

それはともかく、そうした危険性を回避するには、大都会には出ない、というのも一つの選択です。

ならば、成功の道はあきらめるのか、といえば、「大都会に出なければ、道は開けない」という前提が、いまは成立しません。

いまは、どこにいても、道を開くことができます。

「道が開く」とは、自分の行くべき道が閉ざされていない、ということで、それこそ出世街道まっしぐら、というイメージがあるかもしれません。

そのためには、都会に出ることが必要だった時代は、たしかにありました。

けれども、いまは違います。

インターネット回線を使えば、いつでも世界とつながることができます。数メートル先にいる人と話をするように、1万キロ離れた場所の人とも、テレビ電話などでコミュニケーションをとることができる時代です。

都会がいいという人は都会で、地方がいいという人は地方で、それぞれ自分の好きな場所にいながらにして、仕事をしたり趣味を楽しんだり、ということが可能なのです。

もちろん、どんな仕事でもというわけにはいきませんが、自分のスタイルに合わせた仕事と働き方の選択肢は、これからもさらに広がっていくでしょう。

大学での学び方も変わってくるかもしれません。

これからの講義は、教室で行われるとは、かぎらなくなりました。パソコンやタブレットさえあれば、どこにいても受けられる、ネット講義を実施する学校がふえてきました。

そうだとしたら、進学においても、生まれ育った家を離れることなく、できるということになりそうです。

ただし、その前に、果たして大学を卒《お》えなければ仕事がないか、ということがあります。大学を出ていることより、ネットやその他の専門のスキルがあるほうが、企業からは重《ちょう》宝《ほう》されるかもしれません。

また働き方にしても、これまでの企業と人間の関係は、会社とぴったりくっついている社員が理想でした。いわゆる職住近接です。だから小さい部屋でもいいから、たとえば東京であれば、なるべく山手線内に住みたかったのです。

ところが、職場に行かずに、在宅ワークが一般的な働き方になるのであれば、北海道、沖縄にいても、仕事をすることが可能です。新型コロナウイルス禍で、全国に緊急事態宣言が発令され、企業は在宅ワーク、テレワークを実施せざるを得なくなりましたが、そのおかげで、働き方改革としては、一気に前に進んだように思います。

お金を稼ぐより、フォロワーをふやす

新型コロナウイルス禍で緊急事態宣言の期間中は、家で、家族と過ごすことが、それまで以上にふえました。

「こんなにも家族と一緒に過ごしたことはなかった」というビジネスパーソンは少なくないでしょう。じつは私自身も、そう感じた一人です。

90歳になろうとする今現在まで、仕事をしていられるというのは、とても恵まれたことだと思いますし、私は仕事をしないと生きていけない人間です。

私は、「仕事」を義務だと思ったことはありません。趣味や好きなことはいろいろありますが、いちばん面白いのが、たまたま「仕事」だったと思っています。

けれども、この働き方こそ、これからの時代の働き方ではないかとも思うのです。

仕事をつらいもの、しなければならない義務と思って働く人は、人生もまた、つらいものになっていきます。

仕事を面白いもの、と思えば、人生も面白くなっていきます。

これまでは、仕事か家庭かを選ばなければならないということもありました。

でも、仕事にしろ、家庭にしろ、どちらか一つしか選べないということはないのです。

これまでは、通勤時間や職場のつき合いなどでとられる時間もありました。

けれども、在宅ワークやテレワークが多くなれば、そうした時間を有効的に使うことができるわけです。

ところで、緊急事態宣言の期間中には、家族でゲームをして時間を過ごす人も多かったようで、新しい「人生ゲーム」も話題になっていました。

「人生ゲーム」とは1960年にアメリカで発売されたボードゲームで、日本では1968年から発売されています。

それこそ、就職したり、結婚したり、子どもを生んだり、ときには失敗したり、成功したりしながら、コマを進めて、ゴールをめざすのです。

日本人なら誰でも一度はやったことのあるゲーム、といってもよいようですが、時代に合わせて、日本ならではのバージョンが出ています。最新版は2019年に発売された「令和版」です。これまでは、お金をふやしていくところを、令和版では、フォロワーがどれだけふやせるかに代わっています。また、昔は、就職は1回しかできなかったり、人生の「コース」が決められていたりしましたが、それらは取り払われています。

まさに、いまを生きる人たちの人生を投影している、と私は思います。

これから大切なのは、お金ではなく、フォロワー（支援者）です。あなたの考えや生き方に、「いいね」を押してくれる人たちです。フォロワーが多くなれば、お金はあとから、いくらでもついてきます。「いくらでも」がむずかしくても、必要な分を集めることくらいは不可能ではないでしょう。それを可能にする力を、フォロワーによって得るわけです。

いよいよ、あなたの人生の道が開けていくことを、実感できるのではないでしょうか。

話す技術より書く技術を磨く

私や私の周りでは、これからは話す技術より、再び文章を書く技術のほうが大切、という人たちが出てきました。

20世紀は科学の遅れで、私のような年齢の人は、手紙でしか人と知り合うきっかけがありませんでした。いかに自分の思っていることを文字で表すか、が重要だったのです。

これによって天才的な作家が続出しました。

ところが、現在はスマホでしゃべる時代になり、話術が重要になってきました。「話し方が9割」で、会社でも話術がうまくなければ、出世できなくなってきたほどです。

いわば対面時代、説得時代でした。ところが新型コロナウイルスの流行で、これが一転しそうな感じです。「人と会わない、会えない時代」がやってきたからです。できるだけ、人に直接会わない仕事っぷりが、最先端の働き方になってきました。

実際、これまで家庭を訪問する業種は、対面で話してナンボでしたし、企業同士でも、話し合いが当然でした。それこそ昼間のうちに話が進まなかったら、夜の接待まで続けるほどでした。ところが今は一転して、面と向かい合わない仕事のやり方が、当たり前になってきました。

コロナ前とコロナ後では、逆転してしまったのです。それこそ荷物の家庭集配は、面と向かって渡したり、受け取っていたものが、「置き配」という制度になってしまいました。

もしかすると、これからは自社の社員とのやりとりはオンラインだけで、どんな課長、どんな部長なのか、まったく知らないという関係になるかもしれません。

そうなると、メール文が書けないと気持ちが通じません。これは恋愛関係でも同じことになります。それまでは「会うたびに想いが募《つの》る」のが、恋愛の形態でした。

しかしこれからは、会う機会は減るでしょう。なぜならコンサート、スポーツ観戦、旅行、講演会など、大勢が集まる催しはすでに、激減しているからです。

それこそ、そういう集客事業に携《たずさ》わっていた人たちは、仕事が少なくなっているでしょう。一例をいえば、吉本のお笑い芸人さんたちの仕事は、激減しているはずです。

ということは、恋愛にも大きな影響を与えます。会えば会うほど好きになる――という形は少なくなり、文章、ネットレターによる求愛のほうが、ふえる可能性が高いからです。

もちろんテレビ電話やテレビ会議システムを使って、顔を見ながら愛を求める、ということもふえるでしょう。しかし私は、顔を見ても、その顔に直接触れられないカップルでは、関係がうまく続いていく可能性は低いと見ています。

触れられない会話よりも、たとえばプレゼントにつけたメッセージカードの、心のこもった文章によって、お互いの心が引かれ合う、ということもあるかもしれません。

これはほんの一例だけに、今後、時代や社会はどう変わるか、まったくわかりません。

新型コロナウイルスによる痛みの高い国と少ない国とでは、大きく異なるからです。ただいえることは、人と人とが面と向かって話す機会は激減する、ということです。

それだけで、話のうまい人の価値は下がることが予想されます。先々のことを考えると、大勢の人たちが歩いている道は、もしかすると、行き止まりかもしれません。いまのうちに文章を勉強しておくほうが、トクかもしれません。よくよく考えておきましょう。

自分の前にいる相手を見抜く目を養う

これからは、本物の本人に会う機会が少なくなりそうです。では偽物の本人か、といわれそうですが、そうではありません。

近頃は毎日のように、新聞を開くと、さまざまなイベントが大きく出ています。一瞬見たときには、どこかの会場で開催されるのか、と思ってしまいますが、これはすべてライブ中継です。つまり本物の講師を近くで見るケースは、圧倒的に少なくなってきました。これは一例であって、私たちはこれからの時代、ネットによる写真で、人物を判断していかなければなりません。

スマホ上の写真一枚だけでは、判断できない、と不安に思う必要はありません。いまのスマホはさまざまな写真機能がついているからです。

私は人相の観方を若い頃から勉強してきました。あまりその方法を使ったことはなかったのですが、まさにこの時期には必要なようです。

まず男性も女性も、眉から上を上停、眉の下から鼻先までを中停、そこから顎《あご》までを下停といいます。「停」とは「停留場」というほどの意味ですが、上停は30代ぐらいまでの若い時代を観る部分です。

中停は50代の中年期まで、下停は老年期を観察する部分です。

それぞれ、その部分がしっかり張っていたり、がっしりしているようなら、安心できる人物と思っていいでしょう。

あるいは男なら、ひげで観察することもできます。もともとあごひげは「長《おさ》ひげ」といって、年長者が生やすものです。もっと正確にいえば、村落のトップ、軍隊の司令官が生やしたものです。昔は名刺がなかったので、それが名刺代わりになったのです。

それを若い男が生やしていたら、おかしいでしょう？

また鼻の下のひげは、働き盛りの中年男性が生やすものです。あるいは第一線の指揮官です。企業でいえば部長、軍隊でいえば佐官クラスでしょうか？

相手を見抜く［人相の観方］

人の顔は、その年齢によって観るところが変わる！

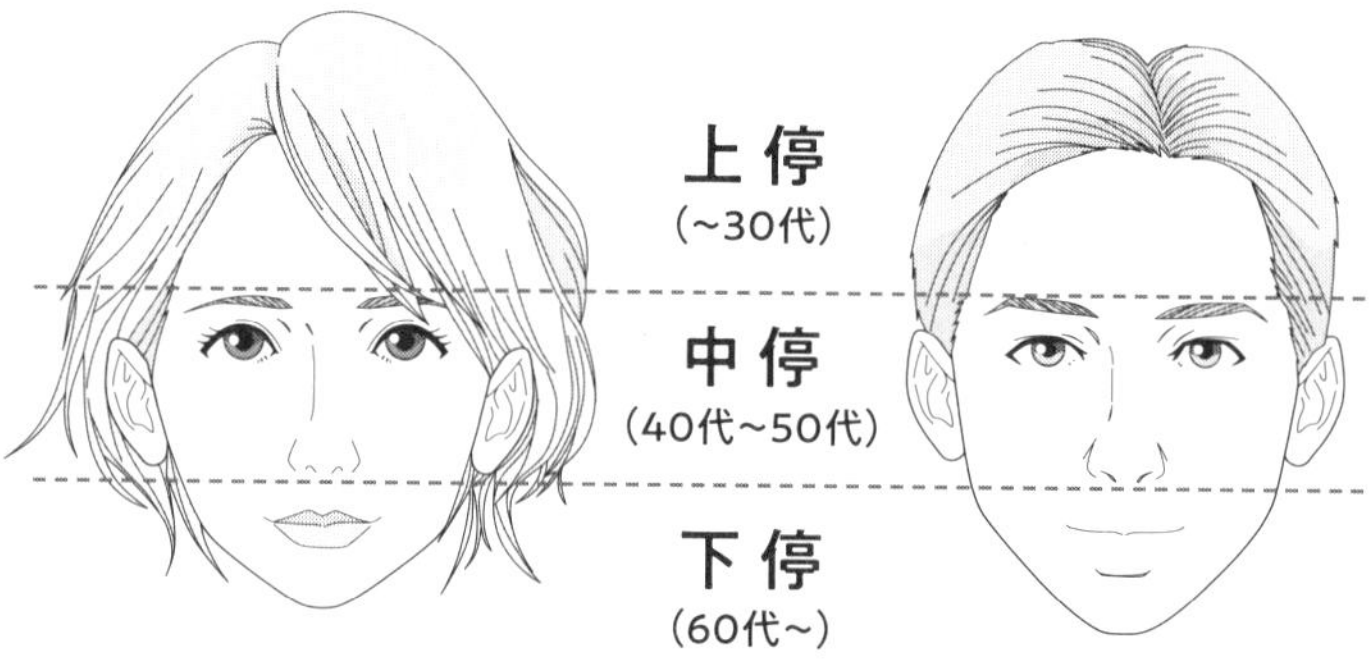

● 30代くらいまでなら、**上停**（眉から上）をチェック

・上停は、「智」をつかさどる部分
・上停が広く出ている人は頭がよく、目上の引き立てがある
・若いうちに成功するタイプ

● 40代から50代なら、**中停**（眉の下から鼻先まで）をチェック

・中停は、「意」をつかさどる部分
・中停がしっかりしている人は自分のことをよく知って、行動できる
・ビジネスマン、経営者として、バランスよく立ちまわれるタイプ

● 60代以降なら、**下停**（鼻先から顎まで）をチェック

・下停は、「情」をつかさどる部分
・下停が張っている人、ふくよかな人は、部下運に恵まれる
・年齢がいくほど、運がよくなっていくタイプ

かつて、日本に田中角栄という総理大臣がいました。すぐれた首相でしたが、賄賂《わいろ》事件で失脚してしまいました。彼は鼻の下に生やしたチョビひげが有名でした。

これは「自分が第一線に立って、指揮をとるぞ。後方にいてのんびり座っている総理ではないぞ」ということを、無言で表したものです。

こう考えると、若くしてひげを生やすタイプの見方が出てきます。指揮官なら、その企業で認められているのでしょうが、部下をもっていないで、ひげを生やしているのは、本当に実力があるのか、一度は疑わなければなりません。「かっこいいから」という理由でひげを生やしていたとしたら、実力があるかどうかはわかりません。

あるいは、耳の位置が後ろについている男女は、人のいうことをあまり聞きません。こういうタイプと結婚すると、年中、家庭の中が騒がしくなる可能性もあります。

男女にかかわらず、頬骨が突き出ているタイプは、きつい性格です。ケンカしやすいので注意しましょう。

これらは写真上で整形しても、変化できない部分です。これはほんの初歩ですが、直接会う機会の少ない相手を見極めるときに、人相学の知識は役に立ちます。

これまでの夫婦関係、恋人関係を見直す

いまの時期、あなたは結婚したいですか？

それとも離婚したいですか？

これは大変むずかしい問題です。常識的に見れば、これからしばらくは、不安が襲ってくる時代だけに、一人でいるより結婚したほうが安心できます。

すでに新型コロナウイルスが襲ってきてから、急いで挙式した人も相当多いといわれています。

ところがそう考えない人も少なくありません。在宅ワークになった夫が、暴力を振るうようになった、という例もあります。また在宅ワークになったのなら、まだ仕事があるということですが、仕事のなくなった夫婦も少なくありません。

そうなると、特に男はいても立ってもいられません。収入を絶たれて、家に閉じこもらなければならなかったからです。

なけなしのお金をもって、パチンコ屋に行くしかない男たちも、多かったはずです。また小さい子どもを抱えた妻がいたら、どう考えてもトラブルになるでしょう。なかには、子どもに暴力を振るう男も出てきます。

そうなると、離婚を考える妻が出てきても、不思議ではありません。あるいは、妻に不満をいわれつづけて、夫側から離婚を申し出るケースも出てきます。

ここはあわてず、しっかり考える時期です。常識的に決めるだけではなく、さまざまに考えを及ぼしていくことです。

ヨーロッパでは、新型コロナウイルスが襲ってきてから、セックスグッズがよく売れたといわれます。

結婚を控えた若い男女や、濃厚接触を避ける夫婦の間で、このグッズが用いられたのですが、じつに賢明です。

私は日本の男女の間でも、今後この考え方が深く浸透してくれればいいな、と思っています。もちろん、安全だと自分たちで思ったら、使わなければいいのです。

ところが、欲望の強い男女は、濃厚接触が危険というときにも、無理矢理押し通そうとしたようです。普通に考えれば、夫と妻であれば、それは当然でしょうが、時と場合によります。いつの時代でも、病気とつながるようなら賢明ではありません。

肺炎にせよインフルエンザにせよ、いつまた流行するかもわかりません。新種のウイルスの出現にも警戒しなくてはならないでしょう。

その意味で、夫婦関係、恋人関係であっても注意が必要です。特に日本の男性は、もともと女性に対して優しさが足りません。その点は欧米の男性より劣《おと》っています。

欧米流の「Ladies & Gentlemen」という、女性優先のマナーをもっている日本人の男性は、ごく少数です。このグッズも、大きく見れば、女性への優しさと敬意の表れといっていいでしょう。

思いきって、セックスに対する考え方を、逆にしてみてはどうでしょうか？　楽しみを増すだけでなく、安全性も高くなるはずです。

時代を恨《うら》んでいても、幸せにはなれない

いつの時代にも「損なときに生まれてきた」と思う人はいます。

私も一時期はそう思っていました。戦時中に中学、高校生でしたが、6年間のうち、勉強できたのは、半分の3年間だけでした。あとの3年は空襲から逃げまわり、軍の要請で、工場で働かされていたからです。

それで社会に出たのですから、時代を恨む人もいたはずです。それが大きな反米運動や、反政治運動となっていったのです。

しかし、人間社会は、一人で過ごしているわけではなく、それぞれの国土で、その国の国民の一人として、暮らしているのです。それだけに国力の違い、世界各国との競合など、さまざまな理由によってソンする世代、トクする世代ができてきます。

東日本大震災の時期に社会に出た人、大不況のとき就職した人、新型コロナウイルス大流行の最中に、社会に出た世代などは、たしかに時代を恨みたくなるでしょう。

そして恨み世代は非常に多いと思います。なぜなら、人間は誰かに、何かに、責任を負わせないと、やっていられなくなる動物だからです。

最近はまた、そういう人が多くなってきたのか、社会がざわついています。

しかし時代や社会、ときの政府を恨んだり、攻撃したりしても、自分が幸せになるわけではありません。

幸せには四つの基本があります。

（1）知足《ちそく》（足りている、恵まれている）

（2）満足（成し遂げたことへの充実感）

（3）歓喜の享受《きょうじゅ》（相手に勝った喜び）

（4）享楽、娯楽の享受（楽しいエンターテインメント）

この中で、いまの立場、家族関係に満足したり、自分の仕事をし遂げた、充実感があるのではないでしょうか？

あるいは、何かの競技で、相手に勝った喜びをもっていないでしょうか？

何か一つでも喜びがあれば、恨み顔にならないはずです。

昔から誰でも一つや二つは、必ず恨みをもっている、といわれます。「最低一人は殺したい人を、心の中に抱いている」という、社会学的研究があります。

そして多くの人は、実際、殺すのではなく、自分が高みに登って、その人を見返す、という形で喜びをもつのが普通です。

たしかに今の時代に生まれ育ったことを、恨みたい気持ちもわかりますが、しかしその中で、真反対に小さな幸せをもてば、人生はガラリと変わるでしょう。

「恨むより羨《うらや》め」という言葉もあります。人を羨ましく思えば、「そこまで到達しよう」という気になります。結果として、今度は自分が、他人から羨ましがられる立場になれるのです。真反対の生き方に挑戦してみませんか！

押す力より引く力が決め手になる

押す力だけで勝負したら、小柄な日本人は欧米人には勝てません。ところが小柄な日本人も次第に体型がよくなり、最近では欧米人に負けないほど、りっぱな体軀《たいく》をもつ人もふえてきました。

すると、スポーツ部門で、彼らに対抗できる人たちが出てくるようになったものです。とはいえ、一般的にいえば、まだまだ欧米人に基礎体力は敵《かな》いませんし、一部のエリートだけが対抗できるに過ぎません。

ここで日本人の特徴を考えると「引く力」にすぐれているように思うのです。大相撲でもそうですし、柔道や合気道も引く力によって、大柄な外国人を転がします。特に合気道創始者の植芝盛平翁《おう》は小柄でした。だからこそ、合気道を創始できたのでしょう。

日本古来の剣道には、特に引き技が大切な気がします。小柄であっても、この引き技《わざ》によって、大男を軽くこなしますが、これを生活全般で使うことによって、人生の勝利を得られるのではないかと思うのです。

たとえば料理のとき、女性は力の強い男たちより、包丁を巧みに使いこなします。これは力任せに切る男たちと違って、引く力を巧みに応用しているからでしょう。

これを生活に応用することも可能です。嫌われる男女のほとんどは、押しが強い人たちです。自分から引くということを知りません。しかし人間関係というものは、五分五分か、むしろ半歩でも引いたほうが、うまくいくものです。

人格、品格のあるタイプは、ほとんどが半歩引き下がり、相手の話をよく聞きます。ところがその反対に、人格を評価できない人にかぎって、自分の話を無理に押し通します。

新型コロナウイルス騒動のときも、テレビやネットを見ていると、自分の狭い範囲での意見を、我がもの顔に話しているタイプがふえてきました。自分がその立場にいないくせに、得意顔で批判ばかりしているのです。

これらの人々は、遠慮という大切な礼儀を知らないので、いつか消えていくことでしょう。人生において、引くことの大切さを知らないタイプだからです。

茶道では、謙虚な姿勢でお茶をいただくのが基本となります。

あるいは一流料亭の女将《おかみ》は、一歩引く形で挨拶をします。客に対してじつに美しい姿勢になります。

京都が世界中で評判になったのは、祇園の舞妓《まいこ》さんがこのマナーを使っているからです。舞が終わっても、そこに座って丁寧にお礼をいう姿に海外の人たちは感動したのです。

歌舞伎でも同じですが、この一歩引き下がった姿勢は、美しい引力となって、客を魅了するのです。

それこそが「おもてなし」の心でもあるわけですが、日常の生活においても、それがある人とない人では、大きな差となっていくでしょう。

これはなにも女性だけのマナーではありません。日本人であるなら、男でもできるのです。「三尺下がって師の影を踏まず」という、古くからの教えもあります。そしてこのタイプは、社会的な地位も得ていくと思うのです。

第 2 章

時代は、こう変わっていく

男性性、女性性の、性差がなくなっていく

私は長いあいだ、女性と男性とでは、考え方や意識にどのような違いがあるのかを追究してきました。

考え方や意識というのは、個人個人によって違うものですが、それでも、性別で分けた場合に、男性は男性の、女性は女性の「傾向」があるということがいえます。

ところが、近頃は、その性差がなくなってきています。

男性にしかできないこと、女性にしかできないこと、というものが減ってきたからかもしれません。

顔を見ただけでは、男性か女性かわからないような人たちもふえてきました。20代でひげを抜いてしまう男たちもいるほどです。

一昔前なら、化粧をしたり、爪の手入れをしたりするのは女性のすることで、それをするような男性は「特別な人」にかぎられていました。

ところが今は、化粧品会社は、男性化粧品を積極的に扱っていますし、その需要もあります。昔の男たちに比べれば、いまの若い男性は、女性と同じように、肌や爪の手入れなど、オシャレに気遣う人も多くなりました。私自身、毎朝香水をつけて出勤します。

こういうと、男性が女性化したようですが、そうとばかりはいえません。

それよりも、「男性だから○○してはいけない」「女性だから○○してはいけない」というような制限から、自由になった人たちがふえた結果、性差がなくなってきたのだと考えています。

恋愛対象にしても、異性でなければならない、というわけではありません。

少なくとも自分の恋愛対象は異性であっても、同性愛の人の恋愛も理解できる、という人がふえてきました。

これまでは、異性同士の愛情、異性同士の結婚が当たり前、と誰しもが思っていました。

しかしそれは、女性が男性に寄りかかっていた時代の常識であり、また出産が結婚の目的であった時代の愛情関係でした。

ところが近頃では、この愛情関係以外にも、同性愛関係という新しい関係が、当たり前になりつつあります。その理由の一つとして、男性にしても女性にしても、異性とのつき合いがむずかしく、面倒になってきた、ともいわれます。

愛の関係でもありますが、信頼関係といっていいかもしれません。それだけ不安な時代になってきたので、男といえども、信頼できる同性が必要になってきた、ということでしょうか。

また同時に、一回でも禁断の木の実を食べると、そのおいしさにびっくりする人がふえてきたようです。

世界では多くの国が、同性結婚を認めつつありますが、多分古い日本も、そのうちに正式に認めざるを得なくなるでしょう。

現在では「同性婚導入の検討も行っていない」と政府は答弁していますが、つまり慎重に検討せざるを得ないことを、暗に認めています。

すでに新しいカップル13組が一斉に「同性婚を認めないのは憲法違反」と提訴している

くらいです。

しかし立場上は他人でも「パートナーシップ証明」を出している自治体もあります。

これは婚姻カップルに類似した権限があり、たとえば同性のカップルが一緒に住むことを、大家さんが拒否せず、認めるといった権限です。県では茨城県が1県、市では大阪市、福岡市など17の市が、区では渋谷、世田谷など5区、町では群馬県大泉町が1町だけ、計24自治体が、このパートナーシップ証明を認めています（2019年7月4日現在）。

そう考えると、大胆に一歩前を進むのも悪くない、と思う人がふえて当然でしょう。いや、多くの人たちと反対の道を歩むわけですが、青春の一時期のあり方をして、経験の幅が大きく広がるのではないでしょうか。

常識の範囲の中で、決まりきった異性関係を続けるのではなく、多様な関係を模索することは、特に海外で働く人にとっては、大きなプラスになるのではないでしょうか。

まずは友達関係から始まって、信頼関係そして愛情関係に進むことは、誰にでもできることで、けっしてマイナスにはなりません。

私は若い頃、18歳の少年を、六本木で紹介されたことがあります。

とても好感のもてる少年で、私を兄のように慕《した》ってくれました。

私は末っ子だったので、弟のようなこの少年を可愛がっていましたが、まだその頃は時代が早すぎて、同性愛というものには発展しませんでした。同性愛という愛のあり方は異常であり、社会から指弾を受ける危険性もあったのです。

なので残念ながら、私は同性愛を経験することはありませんでしたが、自分の趣味嗜好がどうあれ、制限をはずしていくことで、人は自由になれます。

時代は大きく変わり、日本でも「憲法によって、保証せよ」というところまで進んできました。あとは、自分が、あるいは自分たちが、自分たちの意思をもって、進んでいけばいいわけです。

これまでの「名産地」にこだわらない

「国産」にこだわる人は少なくありません。

食品にしろ、マスクにしろ、なんとなく「中国産」より「国産」のほうが安心できたり、高級に思えたりします。実際「日本製」は、海外でも、その点で人気があります。

けれども、私はかねがね、疑問に思っていることがあります。あくまでも私の場合のことなので、誰にも当てはまるということではないと思いますが。

仮に、日本産がいいと思って、ふだん家では「国産」にこだわっているとしても、外食をしていたら、どうなるでしょうか。

昔から「大間《おおま》の鮪《まぐろ》」は有名ですが、その時期によっては、大間にも負けない海外産もあるようです。

それはともかく、私の場合、週に4~5回、外食をしていますが、もしもそこで中国産の食品を食べていたら、家で国産の野菜や魚をとっても、意味ないのでは？　と思ってしまいます。

外食の多い人のほうが、むしろ率にしたら、高いのではないかと思うのですが。

もしかしたら、家で食べる回数の多い女性のほうが長生きするのは、それが理由なのかもしれません。

しかし、それだとしたら、人生の3分の2、いや5分の4くらい、数十年にわたって、昼と夜と外食を続けている私が長命なのは、なぜなのでしょうか？

意外にも、健康、長命をテーマにしている論文で、この辺を正確に調査したものを目にしたことがありません。

また日本産の食料しか食べなかった江戸時代から昭和初期まで、日本人の平均寿命は40歳台でした。なぜそれほど短命だったのでしょうか？

この答えには肉食の不足が挙げられています。米、野菜、魚類だけ食べていたのでは、どんなに安全な食品を食べていても、長生きはできません。

デリバリーなども含めれば、外食する回数は、これからもふえていくでしょう。そうなると、純国産のものだけを食べるというわけにはいかないでしょう。

たとえ入院したとしても、病院の食事だからといって「国産」とはかぎりません。

むしろ、国産だけがよいとするのには無理があります。

私はもう何十年間も、ラーメンであれ、中国料理であれ、産地を気にせず食べつづけています。もしそれが身体を損なうほどの不健康食品であれば、とっくの昔にお陀仏《だぶつ》です。

でも、そうなっていないことを思うと、「産地」はあまり気にしなくてもいいのではないでしょうか。

これまで私は「身土不二《しんどふじ》」を、折に触れて推奨してきました。

「身土不二」とは「生まれ育った土地と、自分のからだは切り離せない」という意味で、できれば故郷の食べものを食べなさい、という思想です。

私の父は群馬県、母は千葉県九十九里の出身で、私は東京湾に近い、亀戸に生まれました。そこで私は、それらの土地の産物とされるキャベツや大根、玉ねぎ、豆類、佃煮《つくだに》、いわし、豚肉などを、長年にわたって食べてきました。

だからといって、たとえば「群馬県産」でなければならないとは思いません。外食でキャベツが出たとしても、そのキャベツがどこの産地か、というのを気にしたことは、一度もありません。

また、気象の変化で、土地の状況も変わってきています。もともとは寒い地域が温暖になって、昔なら収穫できなかったようなものが産物として出荷される、ということもあります。

その意味では「国産」にこだわるのも、考えものです。

「身土不二」の思想はとりつつ、産地にはあまり神経質にならず、自分がおいしいと思うものを気持ちよく食べる。というのが、これからの食べ方だと思いますが、どうでしょうか。

「若年化社会」で10代の社長が活躍する

私の専門の一つに、性差環境学という分野があります。

新しい都市や環境は、性差によって変わっていくというもので、いまのように女性の力が強まってくると、都市の支配者は、男性とはいえなくなります。

どんな大企業のエライ人でも、女性に向かって勝手なことはできなくなります。いま日本では、次期天皇が問題になっていますが、安倍首相は女性天皇反対論者です。なぜかというと、単に天皇だけの問題ではなく、社会が女性中心になり、政治一つでも、舵《かじ》の取り方が非常にむずかしくなるからです。

このように、企業でも女性が飛び抜けて力をつけると、国内環境、社内環境が大きく変わるのです。

私は他の男性より、一歩早く、都市が女性環境になると考えたことで、女性問題の専門家と呼ばれるようになりました。

あなたも、いまの社会がどう動いていくのかを、じっくり考えてみてはどうでしょう。

私はまもなく、10代がリーダーシップをとるような気がしています。2022年4月1日からは18歳で成人となる、ということもありますし、社会が「年齢の若さ」より「実績」や「実力」を評価するようになると考えるからです。

これまでは、「実績」は社会に出なければつくれないものでしたが、いまは小学生でもビジネスを始められる時代です。

まだその社会を一つの言葉でいい表せませんが、仮に「若年環境学」と名づけてもいいでしょう。10代はもう、「子ども」ではなくなるのです。

女性化社会から高齢化社会に移り、そのあとは、数は少ないですが、少年・少女を含む若年化社会が来る、と私は考えています。

すでに私の周りにも10代の社長が、何人も現れています。それも少年だけでなく、少女社長もいます。

なぜ、少年少女が企業をつくる気になるのでしょうか？

一つには「1円から会社をつくれる」時代になったことがあります。

次に、ネット社会になったことで、10代のほうが、大人よりすぐれてきたからです。

さらに、それらの才能豊かな10代に資金援助する企業家が出てきたのです。またクラウドファンディングを活用する10代社長もいます。

このようになってくると、教育方法も当然変わっていくでしょう。いまの日本では、優秀な少年少女でも、他の同年齢の人たちと歩幅を合わせなければなりません。

天才、秀才は生きにくい社会です。だから日本の学者の論文の数もぐっと減って、将来、ノーベル賞をとれる確率は、ぐんと減っています。しかし日本人は元来、優秀なのです。この優秀さを、教師も親も見逃すべきではありません。

若年環境学が研究されていくうちに、10代20代のすぐれた学者、技術者、経営者が出てくることは間違いありません。

テレワーク、リモートワークが当たり前の勤務体制となれば、10代の社長でも、大人の社員や取引先から馬鹿にされることも少なくなります。

馬鹿にするどころか、そうした「才能」を、年齢に関係なく尊敬できる大人であることが、これからの大人たちに求められることでもあります。

仮に愛子天皇が実現すれば、日本は再び「日出《い》ずる国」になれるのですが、どうなりますか。それは別としても、私は近く「若年化社会」になると、自信をもっています。

ビジネスパートナーの存在が可能性を広げる

人間には5段階の欲求がある、という説を唱《とな》えたのは心理学者のアブラハム・マズローでした。「5段階」とは次の五つです。

第1段階　生理的欲求
第2段階　安全の欲求
第3段階　所属と愛の欲求
第4段階　承認の欲求
第5段階　自己実現の欲求

５段階目の「自己実現の欲求」まで到達する人は、ぐっと少なくなりますが、成功するかどうかは別として、誰でも自分なりの目標、目的をもっており、そこに一歩でも近づこうと努力するものです。

これまでは、企業に入って、トップになるというのが、多くの人たちの欲求でした。ところが最近は、こういうタイプは少なくなったのです。

それはなぜでしょうか？　トップに立っても、それほどいいことはないことに、人々は気づき始めたからです。

これからの人たちは、大勢で仕事をするのが苦手になっていきます。パソコン、スマホは、一人で使うものです。それだけで高度な仕事ができます。

以前なら大チームで取り組まなければならなかったようなことでも、一人でできたり、あるいは何人かで組むにしても、ネットでつながるだけで成立するようになったからです。

こうなってくると、人と話したり、つき合ったりも苦手になってきます。つまり出世が面倒になってきます。

「出世なんかしなくても、自分の好きなことを、好きな時間にやって、それで生活が成り立っていけばいい」

そんなふうに考える人が多くなっています。

かといって、どこにも所属せず、一人だけで仕事が成り立つかといえば、むずかしいでしょう。どんなビジネスでも、一人でできることには限界があるからです。

ビジネスは、たとえば出版社を例にしても、本をつくっていく編集部と、それを書店に配本されるように動かしていく営業部があります。優秀な編集者がいても、優秀な営業部員がいなければ、本は流通していきません。逆に、優秀な営業部員がいても、新刊が出なければ、売りようもないわけです。

自分でビジネスを立ち上げる場合にも、自分がどこまでのことができるかを考えなければなりません。

どんなに素晴らしい技術や商品があっても、それをつくる能力と売っていく能力は、また別です。

そのときに役に立つのが、「ビジネスパートナー」です。

ビジネスパートナーをもつことで、自分の不得意な分野をカバーしてもらうことができます。お互いが補い合うことで、お互いに好きな仕事に没頭できる、ということがあるわけです。

これからは、企業に勤めるより、ビジネスパートナーと組んで、仕事をしていくという人がふえていくでしょう。

ビジネスパートナーをもつことでいいのは、一人としか組めないというわけではないことです。

これまでは、ビジネスパートナーといえば、「一人の人」と「一つのビジネス」をしていくのが普通だったかもしれませんが、やりたいと思うことが複数あるとしたら、その数だけ、ビジネスパートナーをもつことも可能です。むしろ、そのほうがビジネスはうまくいくでしょう。

慣習から抜け出せる人にこそ道は開ける

「慣習とは反対の道を行け」

この言葉をいったのはジャン・ジャック・ルソーです。

18世紀フランスの啓蒙《けいもう》家ですが、「社会的に決められたルールと反対の道を行けば、物事はうまくいく」というのです。

なかなか大胆な言葉ですが、私はこの説に賛成です。

「習慣」とは個人が日々行う行動です。それに対して、みんなで同じ行動をするのが「慣習」といっていいでしょう。

つまり「みんなと違う行動をしなさい」という意味だと思われます。「みんな」は多分ラクな道を選んだり、誰かがやるまで待てばいい、と思っているのかもしれません。

そういう大勢の人たちと同じ行動をとっているようでは、失敗するぞ！　と、ルソーはいっているのでしょう。

私の恩師であり光文社の元社長だった神吉《かんき》晴夫は「反対するなら対案を出せ」が口ぐせでした。まさに大衆は「反対」を叫ぶだけで「どうせよ」といいませんし、仮にいったとしても、自分では責任をとりません。

ルソーはそれを戒《いまし》めたのかもしれません。慣習に慣れると、自分がやらなくても、誰かリーダーがやってくれる、と思うようになります。自分がトップに躍《おど》り出ようとしなくなっていくのです。

その点、みんなと異なる道を歩いていくには、自己責任がついてまわります。のんきに誰かが仕事でも食糧でも調達してくれる、と待っていられません。自分で毎日、探して食っていかなくてはならないのです。いわば一匹狼です。

この覚悟を決めただけで、物事はいい方向に回転していくでしょう。そこに、自分ならではの習慣が生まれるからです。

この習慣は一度身につくと、今度はなかなか離れなくなります。それどころではなく、さまざまの生活習慣が、しっかり身についていくことになります。

だからこそ、このルソーの言葉は、長いあいだ生きてきたのではないでしょうか。私は今では習慣にせよ、日常の教訓にせよ、あまり最近いわれているものを、真似しようとは思いません。

もしかすると、それらは半年か1年で、なくなっていくものかもしれないからです。その点、何百年続いている言葉は、先人の学びがあって、残っているものです。

上杉鷹山《ようざん》の「為《な》せば成る　為さねば成らぬ何事も　成らぬは人の為さぬなりけり」や、徳川家康の「不自由を常と思えば不足なし」という言葉は、すでにそれを実行しているという人もいますが、「わかっていても、なかなかできない」という人がほとんどでしょう。

中国の孔子や孟子《もうし》の中にも、素晴らしい教えがありますが、大勢の歩く道と反対方向を示す、このルソーの言葉にいまこそ注目して、実行に移していきましょう。

テレワーク、リモートワークを進めよう

新しい生き方、新しい仕事の方法というのは、考えたからといって、なかなか出てくるものではありません。

また仮に出てきたとしても、それを広めるのは容易ではありません。

それは「考える」のではなく、「乗るもの」ではないかと思うのです。

２０１９年11月に中国で発生した新型コロナウイルスは、あっという間に全世界に広がり、約１００年前のスペイン風邪を凌駕《りょうが》するほどの、悲惨《ひさん》な状況になってきました。

都市封鎖により、どの国の市民も職をなくす危険にさらされてしまったのです。隣の都市に行くことも自分の街から出ることも叶わなくなり、それはまた、職場に出勤することもむずかしい状態につながりました。

ここで自宅勤務が普通になり、ネットビジネスが成長産業になってきました。つまり新型コロナウイルス禍に乗って、新しいビジネス形態ができてきたのです。

これまでは企業側が二の足を踏んでいた在宅ワークが、あっという間に、通常の仕事形態になってしまったのです。

その代わり、これからは大きな劇場などでのビジネスは、小さくなるかもしれませんし、大勢で混雑するコミケ（コミックマーケット）のような催《もよお》しものは、減っていく可能性もあります。

ただここでいえるのは、ほかの人たちがまだ足を踏み出さないものに、大きく踏み出すほうが成功します。いつの時代でも、先の見える人たちは、すばやいものです。成功列車に飛び乗る人こそ、次の成功者です。

これから伸びる仕事や業務は、なるべく身体全体を使わないものになるはずです。

会社を往復するには、身体を結構使います。それだけで時間と労力を使うでしょう。会社に出ないで自宅勤務できるとしたら、それだけで時間と労力が要《い》らなくなり、サイドビジネスに振り替えることができます。

日本は狭い国なので、脚を使うビジネスが伸びてきました。車も「脚」「足」と呼ばれて使われてきましたが、国土の広い米国や中国では、そんなことをしていたら、仕事になりません。それが、強力なネットビジネスを生み育てたのですが、その間、日本はトヨタ、日産に頼ってきたのが、大きく遅れをとる原因になってしまいました。

この急激な変化が、日本の泰平の眠りを覚ましてくれたのです。まさに黒船の再来です。トヨタも車という製造業を捨てるかもしれません。

私たちもできれば、古い仕事のやり方を思いきって捨てましょう。できるだけ時間と労力を使わないで、効果の上がる方法を実行しましょう。

一部では公演、講演事業はなくなる、といわれています。私は、なくなりはしないと思いますが、少なくなることは間違いありません。その代わりに、たとえば欧米のように、個人の家でホームパーティやホーム講演を開くといった新しいスタイルも出てくるでしょう。

それも含めて、リモートワーク、テレワークを進めていきましょう。「うちはまだまだ脚で稼ぎます」などとは、いっていられなくなったのです。

第 3 章

自分独自の道を開こう

チャンスは表通りより、裏通りにある

何事も裏を覗《のぞ》いてみましょう。大きな産業は、もともと裏通りから発展した、という話もあるくらいです。銀行は、裏通りの強欲な金貸しから発展した産業でした。

いまは大きな病院になった美容整形も、私の若い編集者時代には、銀座や渋谷のわびしい裏通りに、小さな医院を構えていました。

最近は「裏」という文字だけでなく「奥」という字に、新しさを嗅《か》ぎつける人も多くなりました。これまでは裏社会というと、怖い人たちの住む世界を想像させましたが、いまは最先端社会と受け取られています。

裏原宿、裏渋谷、大阪の裏難波という地には、新しいファッション店や新しい飲み屋、食べ物屋が立ち並んでいます。

さらに近頃では奥渋谷、奥原宿ともいわれます。私のオフィスは東京の神楽坂にありますが、神楽坂にも「奥神楽坂」といわれるエリアがあります。

「奥」には、秘密と上品さが加わっています。

私は長いあいだ、週刊誌の編集者をやっていたので、常に、次の時代の主役は何か？　を考えるクセがついています。

はっきりわかっていることは、次の時代の主役に座る人たちは、いまの若者です。その若者たちが喜ぶもの、喜ぶ街は、次の主役ビジネスです。

彼らはどういう街に足を延ばし、何を着て何を食べているのか？　あるいは何をして時間を使っているのか――。

面白いもので、新しい情報は、夜に発信される、といわれます。その意味は、まだ昼間の明るい場所では汚くて見られなくても、夜の照明の下では美しく映えるからです。

かつては、経済的に困っている学生が、夜学に通っていました。昼間働き、その収入で学費を払い、夜学で勉強したものです。

ところが最近は大分違ってきました。夜のほうが街は楽しいし、実学が学べるというのです。または社会人枠が広がって経営者も新しい情報を知りたいと、仕事が終わってから夜の大学ライフを楽しんでいます。これによって、夜型のビジネスやイベントなど、最新の経営学を学べるようになっています。

作家の五木寛之さんはたしか48歳のとき、仏教の勉強に龍谷《りゅうこく》大学に通ったと思います。それを聞いた私は負けじと57歳のとき、大正大学に宗教学を学ぶため、1年間通いました。それによってその後、新しく宗教書を書くことができましたし、宗教ブームの先端に位置することができたのです。

五木さんは私とほぼ同年で、ロシア語を学んだ仲間同士です。それでいて二人ともまだ書きつづけているのですから、素晴らしいでしょう。

宗教は裏に位置するものではありませんが、さりとて繁華街に寺や墓地をつくるわけにはいきません。しかし今後、葬祭業は巨大なビジネスになるはずです。

2025年問題といって、団塊《だんかい》の世代が後期高齢者になる頃から、葬祭業は一大ブームになります。

また、その形式は、これまでの常識では考えられないようなスタイルも生まれるでしょう。自分の人生の終わりを、どんなふうに閉じるのか。それを考えない人はいないし、それがビジネスにもつながります。

勉強していてソンはありません。

ズバリいえば、これからは墓地はなくなっていくことでしょう。最近の地球の状況から見て、豪雨と地震は多くなることはあっても、少なくなることはありません。墓地は、その最大の被害者になることでしょう。

情報はつかんだら、できるだけ早く捨てる

後生大事に情報をため込む人がいます。またその情報を人に話すとき、いかにも重大なニュースを教えるように、相手の耳に囁《ささや》く人がいます。

そんな人からは、早く離れたほうがいいでしょう。

情報はため込むものではありません。その場で使うか、捨てるものです。

私のこれまでの経験では、情報を早く話す、捨てる人のほうが社会で重要視されるような気がします。

またそういう人の許《もと》には、新しい情報がどんどん入ってくるような気がするのです。

なかには一人が話すと、

「その情報、私も知っていました」

という人もいます。

しかし、あとから「知っていました」と話された時点で、最初に話をした人の情報はゼロになってしまいます。情報は本来、それを告げたところで相手にプラスの効果をもたらすものです。ところが、その扱い方を知らないと、話したことがマイナス効果になってしまうこともあるのです。

私は新しい情報が入ると、

(1) すぐ使える情報か

(2) ためておいて、もっと広げるべき情報か

(3) すぐ捨ててしまう情報か

この三つに分類します。こうしておくと、会議などで話したほうがいいニュースか、それとも今はストックしておいて、もっと広げたほうがいい情報か、それともすぐ忘れてしまう情報か――が、わかってきます。

これは櫻井式の情報選択法ですが、もう一歩進めると、情報を集めたかったら、周囲に惜《お》しげもなく情報を教える、与えることも大切です。

あるいは情報をいかに集めるか、いや、どうすれば集まるのかも教えたほうがいいでしょう。多くの人はその方法を教えません。自分がソンするからです。

しかしソンしてトクをとるか、トクをとってソンをしないかだったら、ソンをしてトクするほうが、さらにひとまわり大きい情報が手に入るはずです。

お金の使い方でも、1円も余計に出したくない人の周りには、将来性のある人は集まりません。

電子マネーを利用する人もふえて、ワリカンの場合にもきっちり分けることもできますが、それでもお金にケチな人は、わかるものです。いうまでもなく「ケチ」の烙印《らくいん》を押されないように気をつけましょう。

年下の男女は、少しでも明るい人、早い人、大ざっぱな人が上司に近づきます。

あまり細かい人はケチと思われてしまうからです。金銭でも情報でも、先に出したほうが断然トクです。

私はどちらかというと、「オーバー体質」です。

情報を集めるにも捨てるにも、いかにも面白げに話します。つまり情報価値をオーバーにしゃべって、相手を面白がらせるのです。

こうすると、いつのまにか相手も巻き込まれて、相手を興奮させるように話すクセがつくのです。また、それによって情報の価値まで上がっていきます。

それだけで冷静に話すタイプより、いかにも仕事ができそうに見えてくるものです。不思議なもので、オーバーでも面白そうに話してくれる人に、情報は集まってくるものです。面白い話は誰でも人に伝えたくなります。その情報は、面白い話のネタとして広まることになるわけです。

情報というものは、しまっておいたら価値は半減します。できるだけ早く使ったり捨てたりするほうが、最終的には、その情報の価値を最大限に活《い》かすことになるのです。

思いきって、少しオーバーにしゃべってみましょう。

所有するより、「レンタル＋シェア」がいい

トヨタ自動車は、自分の社の製品である自動車を売りつづけて、世界ナンバー1になった会社です。

ところが21世紀のトヨタは、車を売るのではなく、レンタルに切り替えようとしています。いまの若者たちは所有欲をもっていない、と判断したのです。

普通であれば、レンタルのほうが高くなりますが、今回の企画は「買うより借りるほうが安い」ようです。つまりトヨタは若くて新しいレンタル世代、シェア世代に賭けたといっていいかもしれません。

まさに他の自動車企業の逆を行く手法ですが、成功するのではないでしょうか？

というのも、いまの世代は「手入れ」というものを知らないからです。現代の若者たち

は、マンションなど、一度手に入れたら動けない「不動産」を買いたがりません。買ったら手入れしなければなりませんし、不要なものがたまったら、捨てなければなりません。手入れにしても面倒ですが、不動産があれば、要らないものが次第にふえて、部屋を圧迫します。それくらいなら借りているほうが気がラクです。

さらにいうと、借りるなら仕事とプライベート半々の部屋です。

このように考えていくと、古い世代が生活してきた形式は、ほとんど無用の長物《ちょうぶつ》のようになってきました。

これらは生活用品ですが、結婚も面倒の中に含まれてきました。そうなると、子どもも要らなくなります。

それこそスマホさえあれば、あとは何も要らないことになります。セックスのことを考えるのなら、同性愛、同性結婚も浮かび上がってきます。

これこそ所有という生活様式を、すべて捨てた新しい様式です。米国では、このタイプの男女が続々とふえてきました。なかでも、ニューヨークの中心街や西海岸のロサンゼルスには、この種の世代が大勢住んでいるようです。

「米国で流行するものは必ず日本でも流行《はや》る」といわれています。

たしかにその通りです。そうであれば「レンタル＋シェア」という生活形式が、これからの日本の、中心になる可能性が高そうです。実際、日本の将来を考えた場合、当然ですが、中国人、台湾人、ベトナム人などによって、人口減を防ぐことになるでしょう。

このとき、自宅を所有していたら、他の国に住みたいと思っても、むずかしいかもしれません。

何ももたない、すべてが「レンタル＋シェア」生活であれば、日本脱出も可能です。すでにカナダやオーストラリアなどに住みたいがために、あちらの学校に通う若者たちもふえています。

昔は宝石さえもっていれば、世界中どこでも好きなところに住めたそうです。いまや宝石からブラックカードに代わったようですが、世界中のどこでも住めるということでは、中国人がその先端を走っています。

「ここに住むしかない」「ここを離れては生きられない」という固定概念を捨てることで、もっと自由な生き方を選択できるのではないでしょうか。

話す、描く、踊る、撮影できる才能を磨こう

2001年から21世紀となりましたが、なぜか、その頃から、口を使う、つまり話すこと、しゃべることが多くなったように感じます。

それ以前の20世紀は、「書く時代」といってもいいくらいでした。自分の手で書いて、それを印刷して残す。あるいは多くの人たちに読んでいただくことが、大きな目標でした。鉛筆、ペン、筆がふだんから使われていたものです。

それに対して、いまの時代は「話したら残る」のです。スマホに向かって話すだけで、メモとして残され、メールとして送信されたりします。

ところがそれも、あっという間に古くなりそうです。文字だけでなく、映像として拡散できるようになりました。その代表が動画共有サイト

「YouTube」です。

これを使えば、5歳の子どもがしゃべっている映像が、瞬時にして世界中で見られるわけです。

自分の考えや意見を広めるのに、「本」は有効なツールですが、「YouTube」は、それに代われるものの一つではないかと私は思っています。

これまでの教育は、「書くこと中心」に考えてきました。恐らく子どもが机に向かって何か書いていたら、親はとても安心するのではないでしょうか？ それが勉強だと信じてきたからです。

しかしこれからは、そうとはかぎりません。というより、書いている人たちは、20世紀型の古いタイプ、と捨てられてしまいそうです。

話すタイプ、話すことで多くのファンをもっているタイプのほうが、収入的にも上位に位置しています。お笑い芸人や講演家がそれです。

「YouTube」上で動画を配信して配当を得る「YouTuber」も同様です。

「YouTuber」は現在、一部の男子中高生たちの希望職種のトップに躍り出ています。古くはスポーツ選手から、近くはお笑い芸人が「なりたい職種」のナンバー1でした。いまではYouTuberに憧れを抱くようになってきたのです。

時代の流れとしては理解できても、親の立場なるとYouTuberになりたいという子どもには「何だそれ?」という気持ちになるかもしれませんが、しかし、子どもたちは真剣です。「書く時代」を知らない彼らにとっては、「何だそれ?」という世代は、時代遅れの頭の持ち主ということになります。

動画には、「話す、描く、踊る、撮影する」という芸術性が入っています。21世紀は「芸術の時代」といわれるのが、ここです。

そして、これらの能力は何歳になったから終わり、というものではありません。

これからは、若いからダメということもない代わりに、年だからダメということもないのです。5歳の子どもでも、90歳の高齢者でも、表現者としての可能性を開くのが、これまでとは大きく変わっていくところでしょう。

いまの部署はなくなることを前提にする

一般的に、多くのビジネスパーソンは、自分の仕事のことだけしか知りませんし、横への興味（他の職種）が広がりません。

これが中高年になると、使い物にならないということで会社から「早期退職」という悪夢を言い渡されることになりかねないのです。

早期退職にはプラスとマイナスの二つの意味があります。プラスと考えられるのは、これによって自分の好きな仕事に転進できるということです。

しかしこれができる人は、数パーセントの恵まれた人々にかぎられます。

「好きなことをやって、のんびり暮らそう」というフレーズ通り、楽しく暮らせる人は、そう多くありません。

ほとんどの人は45歳から55歳のあいだに、会社側から転職を勧められたり、強制的に退職させられる場面に遭遇するでしょう。

それまで大会社にいて、のんびり勤めていた人ほど、この運命にさらされることが多いといわれます。これらのタイプは、ある意味では、自分の仕事のプロです。自分では退職勧奨《かんしょう》に出会うとは、思っていないかもしれません。

しかし退職させられやすいタイプは「今度、きみのいる部署がなくなるので」という理由がもっとも多いのです。「では別の部署に転任、転職させてください」といっても「きみの年齢ではムリなのだ」といわれるでしょう。

ここで一つのことだけに打ち込んできたプラスが、マイナスに転換するのです。

私はこれまで、社内で別の部署への異動を拒《こば》んだ社員を、多く見てきました。ところがこういう専門的な社員ほど、時代が変わると、不要人間になってしまうのです。今後、在宅ワーク、テレワークが浸透する中で、それに順応できない人たちは、いつのまにか自分の居場所を失い、会社から追われることにもなりかねません。

それこそ今の時代は、中年社員より新入社員のほうが、安く使えて、いい仕事をするのではないでしょうか？　最先端機器を扱う部署ほど、その傾向が強くなります。

このことは「経験が人間をダメにする」典型です。技術が日進月歩の時代に、経験を大事にしてきたタイプは、捨てられるのです。一つのことにのめり込むタイプは、人生の最終期に、地獄を見ることになりかねません。

私にいわせれば、専門は大事にしつつ、それ以外の知識や副業、それに人脈を育てていった人間ほど、成功することになるのです。

私は雑誌編集者としては、プロ中のプロでした。しかし、口惜しいことに55歳のときに編集者としては無理だと悟り、不安がいっぱいの作家に転進したのです。さらに副業として教えるほうでも、話すほうでも食べていけるように、仕事を広げました。これが90歳近くになっても、第一線で仕事ができている秘密です。

転身するときは大変ですが、専門からまったく離れたわけではありません。そして今は出版社も経営していますが、広げる勇気、捨てる決断が、わが身を助けるのです。

「自分の仕事は少なくなる。無理になる」と思いつつ、趣味、経験、人脈の広がりを大切にしておくことです。いまならまだ、間に合うのではありませんか？

複数の「プロ技」を身につける

私はこれまで多くの有名人を取材する機会をもってきましたが、そのイメージからはまったく想像もつかないような、意外な趣味を身につけている人が多かったことに、当時の私は驚いたものでした。

なかでも印象深いのが、佐藤栄作元首相のトランプ占いでしょうか。当時の私は「女性自身」の編集長で、総理夫人に招かれて、よく私邸にうかがったものでした。

そこで総理が在任中、晩ごはんのあとに、一人で黙々とトランプをめくっていたのです。それは明らかに、占いの並べ方でした。

佐藤元首相は、第61代から3期、7年8ヶ月の歴代最長連続在任記録を保持していましたが、現在の安倍総理が、その記録をやぶることになります。それはともかく、1974

年には、在任中に「非核三原則」の制定したことなどが評価されて、ノーベル平和賞を受賞しています。「非核三原則」とは、「核兵器をもたず、つくらず、もちこませず」というものです。

私が佐藤元首相のトランプ占いに興じていたのを見たのは、まさに在任期間中のことです。まさか日本の将来を占いで決めていたとは思いませんが、世界の王族や成功者といわれる人たちが、専属の占術師を抱えていた記録もあります。

ところで、意外な趣味に話を戻せば、私にも、意外かどうかはわかりませんが、三つの趣味があります。

一つは5歳頃から始めた将棋です。これはある程度のレベルまで達したので、社会的に地位の高い人と指すチャンスがふえたものです。

このことは、私の社会的人生で、大きな助けとなりました。この趣味がなぜ必要かというと、思いがけない人脈が大きく広がるからです。

作家、経営者で将棋を指す人は案外多く、そのおかげで私は、一時期、出版界で名が通るようになったと思っています。

一般の社会でいうと、囲碁と柔道、あるいは剣道を学んでいくと、必ずといっていいほど、出世コースに乗れるといわれます。

なぜならトップクラスの経営者の趣味として、時代にかかわらず、これらはもっとも多いからです。

もちろんゴルフもいい趣味ですが、これだけは企業や社長によっては、金と時間を使いすぎるということで、あまり喜ばれない趣味になるかもしれません。

このほかに私は、占いを学んだので、これも大きなプラスになっています。

さらに私の場合は、女性誌の編集長が長年の仕事だっただけに、女性とのつき合い方のプロといえるかもしれません。

実際には、これが一ばん喜ばれた「プロ技」だった、といえます。男なら誰でも知りたいノウハウですし、女性にとっても聞き捨てならぬ話題だったからです。

自分から「口説き大王」と平気でいえる男は、広いこの世の中で、私一人しかいないでしょう。このように、たった一人の趣味、隠し芸ができるようなら、その会社の「顔」になること間違いありません。

ほとんどの人は、みんな広い表通りを歩くものです。企業に入ったら、一生懸命働き、その業績によって出世しようとします。

それは当然で、それなくして、出世することはありません。しかし、では働きつづければ誰でも成功するか、といえば、それはノーです。

そこでプロの技を一つか二つ、身につけておくと、大きなプラスになります。

最初は手品でもいいし、スプーン曲げでもいいでしょう。

ただ、それだけでは社会的地位の高い人や、職場の高位の人の目にとまることはありません。ずるいようですが、社会的地位や企業の中での地位の高い人に、認知されるような趣味を勉強しておくことです。ピアノやバイオリンなどは、間違いなく驚かれて、一目おかれるはずです。

女性であれば、社交ダンスや日本舞踊などは最高です。

また茶道や華道、俳句、短歌に心得のある人も、それだけで教養があると見抜かれ、尊敬される存在になるはずです。それが会社の格を上げるチャンスでもあるからです。

対案を出せない人には誰もついていかない

私のように長くビジネスの現場で働いていると、多くの経営者や知人のビジネス上の結末を見ています。

一般的には、せいぜい70歳ほどで働く人生は終わってしまいます。そうなると、元部下や元知人が、のちのち成功したかどうか、わかりません。

せいぜい成功路線に乗ったな、あるいは失敗してしまったな、くらいはわかりますが、もしかすると、これらの人たちの運命は、最後に引っくり返るかもしれません。そこまでは見通せないものです。

私はその点、他人より20年ほど長く第一線で働いているため、年上の方は当然として、多くの年下の知人や元部下の、最後の姿を知っています。

つまり、若いときの生き方、働き方の結末、結論を確認できています。ある人からいわれたのですが、そういうことは珍しいのだそうです。

その経験の中ではっきりわかってきたことは、何かというと他人の意見に反対ばかりしてきた人は、あまりいい人生を送れていません。

それはなぜなのか？

自分は苦労しないで、いい果実だけ得ようとしてきたからではないでしょうか？

『ファクトフルネス』（日経ＢＰ）の著者の一人アンナ・ロスリング・ロンランドにいわせると、このタイプは「犯人捜し本能」の持ち主で、誰かにうまくいかない理由をなすりつけるのだとか。

反対するのはかまいませんが、このとき反対の対案「自分ならこうする」という積極性、具体性、実現性がなければ、口先だけの人間と思われてしまいます。

これまでの私の体験では、この対案を出せた人、それで成功した人が、人生の勝利者になっているような気がします。

この社会や企業、職場にはさまざまな矛盾や反対意見が渦巻いています。これを批判するのは誰でもできることで、それが大衆の意見になります。

この大衆の意見を「衆賢《しゅうけん》」ともいいます。多くの場合、大衆の意見は正しいのです。

この大衆は実によく見ていて、誰が自分たちの希望を実現してくれるか、ちゃんと知っています。

政治であれば、かっこいいことばかりいっている政党や政治家は、選挙のときに化けの皮が剝《は》がれてしまいます。

企業であれば、口さき社員は出世しないのです。口先社員は相手を攻撃しても、自分では何もできません。またやろうともしないでしょう。旗を振りつづけているだけで、苦労はしないのです。私はこんな人間の最後の状況を知っています。だから、そういう生き方の末路が怖いのです。

日産のCEOだったカルロス・ゴーンは、経営者として、常に対案を出して成功させてきたはずです。だから日本人の誰も、対抗できなかったのだと思われます。口先だけだったら、とっくの昔にお払い箱になっていたことでしょう。

日本人と違うところは、これだけ会社が儲けたのだから、このくらい自分が報酬として受け取ることは当然の権利だ、と思っていた節がある点です。恐らく彼には、誰も対案（反対）できなかったのでしょう。

ゴーンだけが悪いのではなく、対抗できなかった日本人経営者もダメだったのです。

ぜひあなたには、対案人間になってほしいと思います。

長い人生のために、もう二つの能力を伸ばそう

企業で働く間は、どんな人間でも、自分中心に動くわけにはいかないものです。人によっては、「働くだけで精一杯」と、帰り道で一杯引っかけて、あとは寝るという生活をしているかもしれません。

しかしそれだけでは長い一生、つまらないし、下手をすると、会社から見捨てられる危険性も高いでしょう。

こんなとき、二面性をもつのはどうでしょうか？

二面性といっても、会社を裏切るわけではありません。ベストセラー作家の松本清張先生は、若い頃は朝日新聞の広告部意匠《いしょう》係という仕事についていました。それも最初は「雇《こ》員」といって、いまでいえばアルバイトみたいな職種でした。

このとき仕事は一生懸命やっていましたが、その仕事の中から「書く」という能力を見つけ出したのでした。最初は興味半分に書いたものを、仲間に読んで聴かせていました。

この目新しい能力を見つけてから「家に帰ってからの時間が非常に大事になった」と、私に話しています。普通だったら寝てしまうところを、小さな机に向かって、資料を読み込んだり、ペンを走らせたりし始めたのです。

この生活を始めてから、「夜、寝るのがもったいなくなった」と笑っていましたが、私はこの清張さんから教えられた時間の使い方を、いまでも続けています。せいぜい5、6時間寝るだけで、あとは「もう一つの能力」発見のために使ってきたのです。いや、いまでも書きつづけています。

清張さんは、新しい能力を伸ばすために、もう一点、珍しいことをしていました。地図散歩、地図旅行というべきもので、旅行する資金がないため、地図上で行った気になったのです。

多くの人は、新しいことをすすめられても、「そんなお金と時間が、どこにあるのか！」と、下手をすると怒り出してしまいます。

その通りで、毎月の給与からムダなお金は出せません。まして旅行というと、相当なお金がかかってしまいますが、清張さんは新聞社にあった旅行書や地図を借り出して、行きたい場所に行った気になったのでしょう。

これがのちのち、推理小説を書く際の役に立ったのです。

私は取材で各地に行くチャンスがあったので、地図に興味はありませんでしたが、その土地で会ってみたい人の「名簿」をつくっていました。

それぞれの県には、名士や作家がいます。あるいは歴史をつくった名家もあります。東北に行ったらあの人、四国に行ったらこの人、というように、書き出していったのです。

これもタダ同然でできます。しかし、これが私の人生を大きく変えたのです。歴史にくわしくなったからです。

櫻井は若いのに歴史にくわしい、昔の人物にくわしいということで、社長から「歴史・時代小説の専門編集者になれ」と命令されたのです。これが多くの作家と作品を生み出すきっかけになったのです。

何か一つ伸ばしたい能力をつくって、仕事の合い間に勉強してみませんか？

第 4 章

生き抜く力をつける

落ち目になると強い手は打てなくなる

「落ち目の人の逆を行け」

これは賭け事をするときの教訓です。たしか私の友人の麻雀《マージャン》作家、阿佐田哲也さんの言葉ではなかったかと思うのですが、勝負のときに、実にわかりやすい言葉で、効果も満点です。

しかし、よく考えると、人生訓としても素晴らしい言葉で、どんな会社や学校でも、必ず落ち目タイプはいるものです。

反対にいうならば、自分が落ち目のときは、どこに原因、理由があるのかを、よく考える必要があります。

もっとも多いのは仕事の考え方が常識的で、そのうえ臆病になっているときです。それに自分のことばかり考えて、人のことまで目が届きません。

麻雀でいうと、自分の手作りに夢中になって、相手のことまで考えが及ばないときです。

私は麻雀は下手ですが、将棋は素人四段です。自分でいうのも何ですが、これは相当の腕前です。じつは阿佐田哲也は別の会社ではありましたが、私と出版社入社の同期生で、それこそ同級生の感覚で親しくしていました。編集者としてよきライバルでしたが、作家をめざすようになり、「色川武大《たけひろ》」という本名で直木賞をとっています。

阿佐田哲也というペンネームは「朝だ、徹夜だ」というところから思いついた、といわれていますが、もう一つ、阿佐ヶ谷の藤原審爾《しんじ》という作家の家で徹夜していたからです。

昔の作家の家には、原稿をいただくために編集者が集まっていたものでした。その待ち時間に麻雀や将棋をするわけです。藤原先生の家では、2階では阿佐田が他社の編集者と麻雀を打ち、私は1階で、原稿を書いているはずの藤原先生と将棋を指していました。

阿佐田哲也は、『麻雀放浪記』というベストセラー小説を書いたくらい麻雀に長《た》けていましたが、本当に強かった。私は麻雀は「たしなむ程度」ですが、将棋となると、この「落ち目の人の逆を行け」という言葉は、非常によくわかるのです。

麻雀でも将棋でも、負けつづけて落ち目になると、臆病になるせいか、常識的な手しか浮かんできません。これぞ！　というひらめきが出てこないのです。そして、不思議なことに、麻雀でも将棋でも大胆な手が出てこないときは、仕事上でも落ち目になります。だから人生、落ち目になると、自分でも止めようがないほど、弱気になってしまいます。

これは大相撲力士を見ていてもわかるでしょう。陥落《かんらく》しそうな大関を見ていると、同じ手を使いがちになります。だから相手の力士にその逆を突かれてしまうのです。それに臆病になっているので、そこを見透かされて、強く攻められると、たちまち土俵際まで退くという、みじめな体勢になってしまうのでしょうか。野球やサッカーより、大相撲のほうが、落ち目の人間性がはっきり出る気がします。

企業でいうと、本の出版に案外、これが出てきます。落ち目の著者や編集者を見ていると、弱気になっているうえに、似たような失敗が多くなります。それを横目で見ているうちに、別の編集者が急速に実力を伸ばしてくることがあり、いつのまにか逆転することすら、あるのです。

「この人は落ち目にある」と思ったら、その人の逆張りをしていきましょう。

ギャンブルは負けることを学ぼう

私たちは誰でもギャンブルをすれば、勝ちたいと思うものです。お金が入るだけでなく、強運がついてくると思うからです。しかしよく考えると、ギャンブルに勝ちつづけると、それにハマってしまい、ギャンブル常習者になりかねません。

若い頃の私の周りには、多くのギャンブラーがいました。ギャンブラーというと、ギャンブルで稼いだお金で食べていくわけですから、勝ちつづけると思うでしょう。ところが大違いでした。こちらが勝ちつづけたら、弱い相手はお金がなくなり、逃げていってしまいます。

プロのギャンブラーは、適度に勝ったり負けたりするのです。こうすると、相手は次第に強くなり、たとえここで負けたとしても、ほかで勝つようになるのです。

いわば負けたとしても、素人には大きな勉強になります。できれば、もっともっと勉強したくなるのです。この呼吸がわかれば、人生の師になれるでしょう。

勝負事には偶然性の高いものもあれば、実力だけのものもあります。実力が勝負を決める囲碁や将棋は、負けることを学ぶ必要はない、と私は教えられました。

しかし、麻雀やポーカー、競馬などは、偶然や天候によって、勝敗が変わることがあります。

それらを含めて、負けることを学ばないと、人間性が小さくなります。

私がまだ若い頃、五味康祐《こうすけ》という、当時の人気作家で麻雀の天才から「これから麻雀を負けに行くから、ついてこないか」と誘われたことがあります。

「麻雀に行く」ではなく「麻雀を負けに行く」というのですから、ただごとではありません。

どうも勝ちすぎたので、今日はお返しに行く、ということのようでした。

彼はその前に現金を用意するから、といって、その時期に連載していたある新聞社に寄り、経理担当者から原稿料を前借りしたのです。

何十万という札束でしたが、ひと晩でその札束はきれいに、卓を囲んでいた人に流されたのでした。

「勝とうと思えば、またいつか稼げるから、相手から勝負したいといってきた日には、きれいに負けておくのさ」

さばさばした顔で、朝食を食べていましたが、私にはとても勉強になった一夜でした。

「相手が勝負したいといってきた日は負ける」という一言は、大きな教訓になりました。

このとき五味さんは私に、「きみは麻雀をやってはいけない。きみの腕では失敗する」といったのですが、同じように友人の阿佐田哲也からも、いわれたものです。

なにしろ二人の腕前は、見ていても驚くほどで、頭の回転が素晴らしく速いのです。いつか、二人の腕前についていても本として書きたいと思っていますが、それはともかく、賭け事に勝つというのは、素人にはむずかしいと思ったものです。

パチンコに夢中になる人も多いようですが、偶然性の高いギャンブルには引き込まれないようにすることです。私は、この二人のプロを見ていて、そう思いました。

習慣はつくらず、捨てていこう

どの経営書を見ても「習慣をつくれ」と書いてあります。仮にあなたに経営者になれるほどの素質があれば、素晴らしい習慣を続けることができます。

アメリカのデューク大学の研究によると、人間の行動の約45%は、習慣化された無意識の行動によるものだそうです。

たしかに私は一日のうち、相当多くの時間、無意識にスマホを握っています。しかしこれがいい習慣かというと、そうとはいえません。一面では多くの人とつながったり、すばやくニュースや情報をキャッチできますが、その反面、スマホ以外の情報は入ってきません。また目は使っていますが、頭で考える時間は減っています。

私がいつも利用する駅の近くに、パチンコ屋が2店あります。午前10時に開店するようで、丁度その時間の直前にここを通ると、毎日似たような男性たちが開店を待っています。

それも一種の習慣でしょうが、あまりよい習慣とは思えません。

経営書の場合は、すべて成功者の習慣でつくられており、だから習慣化するほうが成功に近づくのでしょう。

しかしほとんどの場合は、毎日毎晩、「成功！　成功！」と心の中で叫んでいるわけではありません。むしろ一般人の習慣は、捨てたほうがよいことのほうが多いのです。

もっとも多いのが、毎日の飲酒と喫煙です。人によっては、これ以外にも中止したほうがいい悪しき習慣は、いくつもあるのではないでしょうか？

残念ながら、続けたほうがよい習慣ほど、続けられず、継続してはよくない習慣ほど、身体に貼りついて、なくなりません。

この本を読んだのをきっかけに、習慣の良し悪しをじっくり考えてみましょう。やめるべき習慣ほど多いと思います。

最近の日本には大勢の外国人が来るようになりました。これらの人々は日本のビジネスの習慣をどう見ているのでしょうか？

彼らは、日本の企業での上司と部下の習慣、残業を当たり前と思っている習慣、女性差別の習慣、バレンタインの習慣などは、やめるべきだといっています。

外国人でなくとも、一般的に、

（1）ケチにならない
（2）他人の意見を拒絶しない
（3）知ったかぶりをしない
（4）「ありがとう」という感謝の言葉を忘れない
（5）嫌味をいわない
（6）否定的に受けない
（7）人を羨まない

……いろいろあります。
これらの習慣は、もしかすると、身につきすぎて性格になっていることもあります。

習慣はともかく、性格として人格に貼りついてしまったら、もう直しようがなくなります。

たとえば、ウソをつく習慣やいいわけをする習性は、「性格」になっているはずです。嫉妬もそうでしょう。「嫉妬心」というくらいですから、心に貼りついて、「性格」となるのです。

「完璧主義」もそうです。男性でも女性でも、「完璧でなければ気がすまない」という人がいます。風呂掃除でも子どもの宿題でも、それが完璧にできていないと、イヤな気持ちがして、周囲にも、それが伝わって、相手を萎縮させてしまうこともあります。

もしこれらの習慣がなくなったら、それこそ成功が近づくでしょう。

卑怯《ひきょう》なようでも、逃げ方を覚えよう

これからの社会では、いつも無防備にいちばん前を歩くようでは、危険がいっぱいです。横から歩いてくる人もいますし、逆方向から歩いてきて、平気でぶつかる人もいます。ぶつかれば、ケガをするかもしれません。ケガをしないまでも、イヤな気持ちになるでしょう。前進する道をふさがれたような思いをしたり、実際に閉ざされてしまうこともないとはかぎりません。

そうした人との衝突《しょうとつ》は、できるだけ避けることです。

昔は、理解できない相手でも、話せばわかる、ということがありました。けれども、相手によっては、話しても理解できないことがあります。

国や宗教によって、それぞれのルールがあります。自分が信じてきたルールが、相手のルールとは違うこともあるのです。

もちろん、それだからこそ、話し合うことで理解できることはありますが、危険から身を守るためには、逃げ方を知っておく必要があります。

私が中学生時代は第2次世界大戦で、米英諸国と戦っていたため、空から爆弾を落とされたり、機銃掃射《きじゅうそうしゃ》を受けたものです。

そんなときには、どうしたらいいのか。当時、中学生だった私たちは親や兵隊から、逃げ方を覚えさせられました。

戦闘機が機銃掃射してきたとき、あわてて走ったら、殺されるだけです。飛行機は空中を反転して、また同じコースに戻り、真っ直ぐ前に走る中学生を機銃で撃つからです。

このとき横や斜めに走って身を伏せれば、100パーセント生き延びられます。空中の飛行機は止まったり、斜めや真横に飛べないからです。

頭ではそれがわかっていても、冷静にはなれません。無我夢中で真っ直ぐ走ってしまい、再度、空中で反転してきた戦闘機に機銃掃射されてしまうのです。

けれども、そうした逃げ方は、学校では教えてくれません。戦い方は教えても、負けを前提にした逃げ方は誰も教えないのです。

いまはそんな戦争中ではありませんが、過労死や自殺からの逃げ方や、常識が通じないような乱暴者からの逃げ方など、私は「逃げる」ということが、とても大切だと思っています。自分以外の者から冒されないことが重要なのです。

「自分は大丈夫」という人ほど、危険です。

たとえば、腕に自信がある人は、逃げる必要がないように思うかもしれませんが、それが通用しないようなこともあります。

逆に、からだを鍛えているような人に、暴力を振るわれたら大変です。結婚してドメスティックバイオレンスに陥らないともかぎりません。

ネットでのやりとりや、現実のデートなどで、なんとなくイヤだな、と思ったら、早めに交際を打ち切って逃げましょう。

臆病者といわれようが、一度はOKしたじゃないかといわれようが、逃げるが勝ち、と思わなくてはなりません。

最近は男性でも女性でもシェアハウスを利用する人がふえてきました。これは自分の身を守るという意味で、私は名案だと思います。

シェアハウスに入った私の知人の女性は、もう一人の部屋には住みたくない、といっていました。

あるいは2部屋あるマンションを借りて友人とシェアするなど、一人暮らしの危険を回避する住み方はいろいろあります。

危険が近づいたら逃げる、のではなく、最初から守りを固めるのが最善の逃げ方といえるかもしれません。

また、仕事関係やプライベートな空間でも、外では、あまり大きな声で話さないことです。誰が聞いていないともかぎりません。「自分の情報」を垂れ流さないように気をつけましょう。

さらには、交番なり警察を、遠慮せず利用すること。街の安全のためにあるものですから、どんなことでも話してみるのです。

少数派には少数派の生き方がある

「人の反対を歩む」ということは、多数派に入らないということです。ほとんどの人は、多くの人が手を挙げれば、それに同調します。

一つには反対すると、面倒が起こるからです。なぜ手を挙げないのか、と詰め寄られる場合もあるでしょう。あるいは変わり者と見られて、以後、つき合ってもらえないかもしれません。

また少数派になるには、それなりの理由がなければなりません。それを考えたり話したりするのは、結構厄介です。

ときには、友人を失うことになるかもしれません。

しかし、この「少数派」をカン違いして、みんなで飲みに行こうといっているのに、自分だけ「行かない」など、グズグズいうタイプがいます。

あるいはみんながビールで乾杯しよう、といっているのに「私、赤のワイン」など、一人だけのために、みんなが待たせられることがあります。

この手の少数派は単にわがままであって、思想的な少数派ではありません。ここをカン違いしてはなりません。

また少数派はネガティブになりやすいものです。またひがみっぽくなったり、性格が暗くなりがちです。

「彼は鋭《するど》いけど、暗いな」

といわれたら、大勢の上に立つことはむずかしくなります。

少数派で真にすぐれた人は、大したことでない場合は、どちらでもいいのです。むしろ、みんなに賛成するでしょう。ここが大事なところで少数派を貫くからといって、ことごとく、ほかの人の意見や行動に反対していったら、誰ともつき合えなくなってしまいます。

私は仕事上で、少数派になることが多いかもしれません。特に本のテーマや題名については、自分の論理をもっているだけに、なかなか「ウン」といえないところもあります。

ただ、それだからといって、永久に反対していったら、仕事になりません。少数派なり、反対派は、うまいところでの妥協《だきょう》が必要です。

反対意見をいうだけで、あとは妥協してもいいのです。ともかく「自分にはこういう意見がある」という点を、周りに知ってもらえればいいのです。

それをいつまでも反対しつづけたり、相手を困らせるのはわがままであり、ヤボです。別にケンカをするわけではないからです。

目利《き》きの上司や経営者に「櫻井はそういう考えをもっているのか」と、知ってもらうだけで十分です。

自分が決定権をもったら、少数の意見であっても、それを使えるのですから。それまでは、いかに多くの人に、自分という人間の性格や考えを知ってもらうかが、とても大事な点です。

経験・人脈は情報との交換で得られる

若い人は高齢者と、高齢者は若い人と、というように、自分とは「反対の世代」とつき合っていきましょう。

このつき合い方の真意は、「経験・人脈と情報の交換」を意味します。

若い人には経験が足りません。また人脈も、十分にあるとはいえないでしょう。反対に高齢者には、これから来るべきＡＩ時代、５Ｇ時代といった変化がわかりません。

多くの人は、自分の属する階層のことしか知らないものです。

だから若者は若者たちで話し合うだけですし、中年は中年同士、あるいは高齢者は古い仲間たちと情報を交換するのが、関の山です。

それでも高齢者の多くは、ビジネス最前線から退いているので、まあいいか、となりがちです。けれども、そうした人たちの経験を聞いておくことで、これからの人生行路が大きく違ってきます。

すぐれた高齢者が元気なうちに会っておくと、珍しい経験談が聞けるだけでなく、人間関係も広がるからです。何よりも大事な人間力が加わるような気がします。

またもっとも大事な「会話」が成立することになります。

私のこれまでの体験では、さまざまな年代の方とつき合ってきた人のほうが、会話が成立しやすいということがあります。

たとえば、年長者と話をする経験が乏《とぼ》しい若い人は、そういう相手と、どんなふうに話をしたらよいのかわからないのです。せっかく経営者や有名人に会えるような機会があっても、黙ってしまうことになり、チャンスを活かすことはできません。

仲間内では「オレ」「オマエ」というような口を利いていても、上位者との会話や公の場では、それでは通用しません。「私」「あなた」を使う会話もできるようにしておくことで、自分のレベルを上げることができます。

それで私は、若い人たちに、なるべくレベルの高い方の個人セミナーやオンラインサロンなどに参加するよう、すすめます。大勢の講演会に行くよりも、はるかに効果的です。なぜなら、講演ではたしかに素晴らしい話を聞けますが、講師の先生と、個人的に接触できるわけではありません。

私が「人の反対を行け」という点は、ここです。それでは同じ世代と同じ道を歩くだけです。何も変わりません。

人と反対を行くには、この先生や講師と、個人的に接触して「会話が成り立つ」ことが必要です。

上位者と会話を成り立たせるには、態度も言葉づかいも、正しくなければなりません。さらにもう一歩進めるなら、その方の配偶者とも、会話ができなければなりません。そして会話というからには、最低でも1時間は話し込める話術と内容と、さらには期待感をもってもらわなければなりません。

こうして上位者にも可愛がられる人間になることが大事です。

高齢者で一流の人は、これまでに何十人、何百人という優秀な男女、ときには若者も見ています。

その人と直接、それも個人的な話ができるようになるには、意外に時間がかかります。実力と人柄、人間性を知ってもらうからです。

だからいつも、同年齢、同時代の人とだけ話しているようでは、認められるような社会人になれません。異性、異世代、異趣味、異業種、異国人とつき合って、実力と話術をマスターする必要があります。

できるだけ早いうちから、大人の懐《ふところ》に入り込むよう、努力と工夫をすることです。

そうなれば、高齢者、上位者から声が掛かり、最新の情報と知識、話題をいただくチャンスがふえていくことでしょう。それは知らずしらず、自分がそれらを勉強することにもつながります。

第 5 章

その他大勢にならない

黙らず、しゃべらず、場を盛り上げる

人とのつき合いで重要なのは、自分の位置を知るということです。

その席がどういうものか、どういう立場でその席に連なっているのか、意外なことに、それを悟《さと》っている人は、それほど多くありません。

また上司と連れ立って外部の人に会うときなど、ほとんど黙っている社員もいます。これだと、何のために同席したのか、意味がわかりません。

反対に、相手の話をくわしく知りたいのに、こちらがペラペラしゃべったのでは、時間がなくなってしまいます。

沈黙タイプより、少しおしゃべりのほうが、場が明るくなるものです。しかし、あまりにしゃべりすぎてしまうと、特に男性の場合には、軽く思われてしまうので、注意が必要でしょう。

私の経験からいうと、若いうちはどんな相手であっても、会って話を傾聴《けいちょう》すべきです。なぜなら若いうちに、相手のレベルを計ることは不可能だからです。

若さは、何でも貪欲《どんよく》に吸収するだけに、いい悪いに関係なく、つき合いの幅を広げていくことです。

つき合い方の真髄《しんずい》に「四十過ぎたら裏人脈」という言葉があります。30代までは、下手に危ない人脈の男女には近寄らないことです。

その代わり40歳に達したら、社会の裏も知らなければ、大きな仕事はできません。なにも暴力団とつき合う、ということではありません。たとえば弁護士、警察、金融業、盛り場のクラブのママ、料亭の女将、芸能界の人々――こういった職種の人たちとも知り合いにならないと、特に大企業の広報、秘書といった仕事はできないでしょう。

まして私のように週刊誌の編集長になるわけにはいきません。いや、裏人脈をもたない編集長では、売れる雑誌はつくれません。

私が、まだ中堅週刊誌だった「女性自身」の編集長になったばかりの頃、文藝春秋の社長だった池島信平さんに呼ばれたことがありました。

あるパーティの席上のことでしたが、私に、「きみは茶碗をつくっている。丼をつくれ」と注文をつけたのです。

池島社長は、文藝春秋をトップ出版社にした出版界の重鎮《じゅうちん》でした。

私は光文社の社員であって、文藝春秋の一員ではありません。ところが池島社長は、出版界という大所高所から観察していたのでしょう。私を可愛がってくれて、パーティの席上で私を見ると、必ず声を掛けてくれたものでした。

この「丼をつくれ」の一言は「小成に安んじるな。大成を狙え」というアドバイスだったのですが、ここで私は、裏人脈ともつながる決心をしたのです。

こうしてその後、147万8000部という、週刊誌の記録をつくったのでしたが、まさに池島社長は私の恩人でした。

池島社長は「しゃべった」のではありません。たった一言「話した」のでした。人とのつき合い方の真髄を示してくれた、というべきでしょう。

自分の話ではなく、歴史を語れる人を師にする

あるとき、初対面の若い男性から、

「どういう人とつき合ったらいいのでしょうか?」

という質問を受けたことがあります。その問いは非常に漠然としていて、どう答えていいかわかりませんでした。

そこで質問の意味をいろいろ聞いていくと、

「一生を通じて、どういう方を師と仰《あお》げばいいか」

という、非常に真面目なものでした。

ではなぜ私にそんな質問をしたのかというと、私の本の中で、松本清張先生や三島由紀夫先生とのつき合い方を読んだというのです。

彼にいわせると、私は例外中の例外で、それこそ1万人に1人、10万人に1人くらいの幸運に巡《めぐ》り合っている、というのです。

「ずるい」という言葉こそ使いませんでしたが、いわんとしているところは、まさにそれでした。

私はこのとき迷わず、

「自分のことを語る人でなく、歴史を語る人を探してみなさい」

と教えたのでしたが、若者たちの多くは「いますぐトクになることを教えてくれる人をメンターにしたい」と考えています。

しかし私は実学を教える人でなく、歴史を語る人に魅力を感じるのです。

「自ら反《かえり》みて縮《なお》くんば、千万人と雖《いえど》も吾《われ》行かん」

という言葉は孟子のものですが、これは、

「自分で自分の言動を振り返って、正しいと思うならば、たとえその道を千万人が塞《ふさ》ぐことがあろうとも、私は行く」

という意味で、幕末の志士を教え育てた、吉田松陰の好きな言葉だったといわれます。

私も好きな教えなのですが、こういった歴史の言葉を語れるような師につけば、人間的に大きく成長できるように思うのです。

少し古い師にはなりますが、一時期、陽明学者で哲学者の安岡正篤《まさひろ》先生が、大ブームになったことがありました。安岡人間学にはそれだけの魅力がありましたが、現在、安岡先生を継ぐような魅力ある先生も、少し探せばいるのではないでしょうか？

私は「人の逆を行け」という言葉を、自分自身の座右の銘にしています。それというのも、吉田松陰に私淑《ししゅく》していたこともありますが、じつは30歳の頃、世田谷にある松陰神社の近くに住んでいたことと関係があります。

それは、私の担当だった歴史作家の山岡荘八先生が名作『吉田松陰』を書き、松陰神社のすぐそばに邸を構えたことと無縁ではありません。

先生のお宅にうかがった帰り道に、毎回、神社に参拝に行ったことで、自然とこの言葉を覚えていったのです。

少しでも歴史的教養をもっている人物に近づいていくほうが、自分という人間が大きくなるのではないでしょうか。若い人にすすめたい師の見つけ方です。

成功した人の話より失敗した人の話を大切にする

誰でも成功者の話を聞きたがります。有名な経営者や学者、評論家のところには、大勢の成功希望者が集まります。

しかし、本当にそれでいいのでしょうか？

私は長年、女性週刊誌の編集長をしていましたが、毎号、読者アンケートをとっていました。どの記事が読者の役に立ったのか、どの記事で買ったのかを知るためです。

すると驚いたことに、成功より失敗した話のほうが、購買動機につながっていることに気がつきました。

その一例が「結婚できました！」という記事より「私たち離婚しました」のほうが、売れ行きが上がるのです。わかりやすくいうと有名人同士の結婚話より、離婚話のほうが、勉強になるからだと思います。

つまり成功者の話には、自慢が入っているだけでなく「教えてやる」という、上から目線も入ってきます。

しかし教えてもらっても、ほとんどの場合、その人の実力は当然として、魅力や弁舌によって成功しているので、聴き手が真似しても、うまくいくわけがないのです。

その点、失敗には学ぶ点があり、もしかすると、自分と共通するマイナスがあるものです。

それこそ「私はなぜ麻薬で逮捕されたか」といった失敗談を話す芸能人がいたら、誰でも聴きに行きたくなります。

「私はどこで失敗したか？」「マトリ（麻薬取締官）はどこに目をつけたか」という会合があることを極秘で聞いたら、男たちは殺到するかもしれません。

これは一例ですが、失敗者の価値は、それほど高いのです。

近頃は年々、スマホなどによる特殊詐欺団の犯罪がふえています。

これには「受け子」と呼ばれる少年たちがからんでいますが、常に受け子の失敗例が研究されています。

私も雑誌編集者の頃は、失敗して廃刊になった雑誌を研究していました。すると、なぜ売れなかったのかが、非常によくわかってきます。売れている雑誌を研究しても、じつはなぜ売れているのか、よくわかりません。

亡くなったプロ野球の名選手であり名監督、野村克也氏の言葉に「勝ちに不思議の勝ちあり、負《ま》けに不思議の負けなし」というものがありますが、まさになぜ勝ったのか、売れているのか、成功しているのか、わからないのです。

つまり成功者は、不思議の勝ちによって成功していることもあるだけに、一生懸命講演を聴いても、その通り成功するかどうかは、まったくわかりません。その成功者の不思議な力によったのかもしれないからです。

このことをしっかり心得ておきましょう。もし成功者の話を勉強したいのなら、むしろその人の若い頃の行動を研究するといいでしょう。

私は有名作家の若い頃の失敗作品を読んで、研究していましたが、むしろそこに、将来の成功の芽が潜んでいることが多かった気がします。

同業者より異業種の人から学ぶ

私の母は私を産んでまもなく、夫と死別しています。そのため私は、父の顔をまったく知りません。

母は毎朝、仏壇で長い間、お経を唱えていました。私はその母の膝に乗って、手を合わせることを知ったのですが、同時に短いお経なら、母と一緒に唱えられるようにもなったのです。

そんなこともあって、小さい頃は、6人の兄と姉たちに、小坊主を意味する愛称の「珍《ちん》念《ねん》！」と呼ばれていました。不思議なもので、こう呼ばれていくうちに、なんとなく仏教に近づいていくことになったのです。

ともかくお寺に行くことが好きでした。近くのお寺の縁《えん》の下に潜って、大事にしていた玩具を、そこに隠すといった遊びをしていたようです。

それによって、私の身体に抹香《まっこう》くささがついてしまったのか、お坊さんに可愛がられるようになったのです。

母の話を聞くと、女手一つで、7人の子どもを育てるのはムリ、と周囲からいわれて、私をお寺に入れて、お坊さんにしようかとも思ったようです。

当時の小坊主には、戦争で父が戦死し、やむなくお寺に入れられた子どもが多かったのです。

それはともかく、この珍念坊やの時代があったことで、私は35歳の頃、創価学会の池田大作会長にお目にかかることになったのです。このとき会長は38歳で、互いにまだ30代の若さでした。

その後、当時の霊友会の久保継成《つぐなり》会長夫妻、ＰＬ教団の御木徳近《みきとくちか》第二代教祖、立正佼成会の教祖庭野《にわの》日敬《にっきょう》先生、さらには真如《しんにょ》苑の伊藤真乗《しんじょう》開祖と、日本の新宗教のトップの方々と親しくなっていったのですが、もしかすると私の身体には、母の帰依《きえ》の魂が宿っているのかもしれません。

これは異なる業種の方々から学んだ一例ですが、まったく知らない世界を見ることで、視野が大きく広がっていくものです。

また自信も大きくついていきます。できればこのように、トップの方々にお目にかかっていくと、こちらにも自信がついていきます。

新宗教というと、一部では怪《あや》しげな団体と思うようですが、私はいつでも「馬には乗ってみよ、人には添うてみよ」という考えで、親しくなっていきます。

それは私の信念ですが、個人の力で1万人以上の人数を動かせる人は、一種の天才だと思っています。必ず学ぶものがあるはずです。

この1万人が10万、100万、1000万人となると超天才です。できれば、そういう方にお目にかかれる立場になることです。もし1回でも面と向かって会えるようであれば、こちらのランクもぐっと上がるでしょう。

だから私は大勢の中の一人でウロウロするのではなく、一人としての力をつけていくことが大切だと思うのです。

破綻《はたん》している面を相手に見せる

自分でいうのは恥ずかしいですが、基本的に私は真面目な性格です。時間にもきっちりしていますし、宿題もしっかりやりましたし、金銭的にもでたらめ、ということはありません。

こう書いてくると、まったく面白みのない男になってしまいます。そして面白みのない男ほど、上の人から可愛がられないものです。

私たちは常に二つの性格をもっていないと、それほど出世もしませんし、面白い生活を送るわけにはいきません。そしてそうでなくては、人間的ではないのです。

人間の顔は喜怒哀楽、さまざまな表情をもっています。ということは、人間は誰でもそれだけの性格をもっている、ということです。

ところが真面目な人間は、いつでも笑わず、怒らず、同じ実直そうな表情を変えません。せっかくいろいろな性格をもっているのですから、たまには笑ったり、怒ったりしたほうがいいものです。いや、単に表情を変えるだけでなく、行動や性格で、それを出さなければ、多くの人に愛されないでしょう。

お酒でも、1杯くらいは飲めたほうがいいですし、異性にも「面白い人」といわれたほうが、楽しいだけでなく、応援してもらえるのでしょう。

私は一つだけ、破綻しているところがあります。女性にだらしないところです。だらしないというより、興味津々《しんしん》なのです。

この女性はどういう性格だろう？　あの女性は声をかけたら、寄ってくるだろうか？　それとも逃げていくだろうか？

どういう声のかけ方、表情、立ち居振る舞いをしたら、興味をもたれるのだろうか？　あるいはこの女性は、どういう生活を送っているのだろうか？　もしかすると同棲しているのではないだろうか？

といったことが、次々と思い浮かんでくるのです。

その結果、私は女性雑誌の編集者となり、その興味の持ち方の深さから、女性心理専門家になっていくことができました。

昔はこのタイプを「不良」「好色」といっていました。

男と女も、異性に興味をもったり、近づいたりする人は、誰でも「不良」「好色」の一言で、人間的によくないタイプにされてしまったのです。

しかし今は違います。なぜなのか？

女性が家庭だけでなく、社会の中心になってきたからです。社会が女性を必要になってきたのです。

これまでは男性社会で、男が家庭でも社会でも、真ん中に座っていましたが、いまは違います。中心にいるのは女性であり、男たちではなくなってしまったのです。

それは男の力が不必要になってきたからです。すべてはインターネットによって管理されてきたので、むしろ女性の指先のほうが、男の腕っぷしより大切になってきました。

そんな女性社会の主役たちを、楽しませたり笑わせたりするためにも、一つや二つは、破綻しているところを見せたほうがいいでしょう。

芸人スピリットが差をつける

いまはテレビでも舞台でも、あるいは日常的にも、お笑いタレントたちが大活躍しています。

このお笑いタレントたちは先見の明がある人たちだと思いませんか？　ほかのジャンルで食べている人たちより、テレビや舞台に出る回数も収入も、断然多いからです。

では彼らのお客様は誰でしょうか？

その多くは女性たちです。つまりは彼らのご主人様は女性客であり、女性たちを喜ばせたり、楽しませられないと、お金になりません。

逆にいえば、女性を楽しませられるような人なら、少ない収入でも確実に入って来るのです。人を楽しませるのは「芸人スピリット」の真髄といってもよいですが、その精神があるかどうかが、その他大勢から抜け出る大きなポイントなります。

一昔前であれば、女性たちに好感を抱かれるのは、イケメンであり、若い男たちでした。あるいは金持ちにかぎられていました。

ところがどうでしょう。いまはおかしな顔であろうが、太っていようが、面白いことをしゃべる人なら、男でも女でも、ご主人の女性から可愛がられるのです。

「笑わせる」あるいは「楽しませる」という才能さえあれば、90歳のおじいちゃんでも、仕事になるのです。

多くの人たちは一昔前と同じように、男性が中心に座って、女性を横に侍《はべ》らせたいと思っています。

それでも一向にかまいませんが、それはお笑い時代の前の生活であって、ビートたけしや明石家さんまが人気者になる、1980年以前の話といっていいでしょう。

それより前の時代の男たちは、女性を楽しませるという才能も性格ももち合わせていませんでした。いばっていれば食べていけたのですから。

残念なことに、未《いま》だに40年以上も前のこの体質、性質をもったままの男性が、驚くほど多いのです。

それでは60歳の定年を超えたら、自分の力で収入を得ていくことはできません。そして奥さんも周りの女性たちも、そんな収入もない、面白みのない男の世話をしたいと思わないでしょう。

誰も話しかけてくれない、誰も友達がいない、誰も食事の用意をしてくれない——そんな生活をしていったら、いつボケてしまうかわかりません。

ボケない生活の第一歩は、笑う、会話する、歩くことの三つだ、と医師からいわれたことがあります。まさに私はこの三つを、しっかり日常の習慣としています。

それだけでなく、話したり書くことで、収入を得ています。つまりまだ勤労者なのです。

逆にいえば、女性を楽しませる気持ちになれば、まだまだ仕事はあるのです。

私は16歳年下のたけしを「師匠」と、勝手に思っています。彼こそが、これからの時代の高齢男性のモデルだからです。

最初は大勢の中の一人でもいい

あなたは、大きな舞台に上がってみたい、という気持ちをもっていますか？

いいえ、なにも役者になれということではありません。何でもいいから、大勢の人たちの前に出る、立つということです。もしも「そんなことは思ったこともない」としたら、今日からその気持ちを抱き、何としても実行に移しましょう。

最初は大きな舞台でなくてもかまいません。また舞台といっても、高い舞台ではなく、10センチくらい高い板の上でもいいでしょう。

ともかく観る側、聴く側ではなく、演じる側、話す側にまわるのです。学ぶ側ではなく、教える側になるのでも、同じことです。

一度でもこのように立場を変えると、不思議なことに自分という人間が、とても大きくなったような気がします。

それまでは、自分に話すこと、演じることなど、何もないと思っていたのに、一度でも舞台に立つと、何かが出てきます。

赤ん坊でも、家の中にいるだけでなく、外に連れ出すと、花でも犬でも猫でも、何にでも興味をもち、喜びの声を上げます。

これはまさに舞台を見上げて、うれしい、楽しいという感情を出している姿です。これと同じで、舞台に上がる前に、何回か舞台を眺めて、自分がどんなことに興味をもつのか、誰の話で笑ってしまうのか、よく考えてみましょう。多分そのうちに、自分だって、このくらいの演技や踊り、あるいは話ができる、と思えるようになるはずです。

私が顧問をしているグループに「実践・読書会」という集まりがあります。代表者はお金とビジネスの専門家の加納敏彦さんです。

この読書会は、一人が主宰する形になって、何人かのメンバーと一冊の本を読むのですが、最初のうちは参加者になっていても、何回かのうちには、自分が主宰したくなります。

つまりいつもは陰《かげ》に隠れるようにしていたのに、そのうち自分が先陣を切って、読書会のリーダーになりたくなるのです。

これはささやかな舞台ですが、気弱な人でも、ふだんは「私なんて」という引っ込み思案になりがちな人でも、思いきって自分を変えられる、きっかけになります。

さらに、これを何回か繰り返していくうちに、少しずつ大きな舞台で、自分の考えを自信をもって、黒板に書いたり、話していけるようになるのです。実際に、そんな「主宰者」が何人も誕生しています。これは、たとえばオーケストラに参加していた演奏者が、やがてソロでピアノやバイオリンのリサイタルを開くのと同じことでしょう。

こうして大勢の中の一人ではなく、大勢から抜け出した一人になるのです。

一見すると大した違いはないようですが、実際は大違いです。

参加者から主宰者にまわるというのは、お金を出す側から、お金をいただく側にまわれる、ということでもあります。

それこそYouTubeで、一生懸命しゃべったり演技したりしている人を見て、いつのまにかその人も、憧れのYouTuberになっている、ということだってあるのです。いつまでも大勢の中にいないで、そこから抜け出すことを計画してみませんか？

スピリチュアルな世界を理解していこう

少し前の男たちからすれば、びっくりするほど、いまの男性たちは、スピリチュアルに理解があります。

「スピリチュアル」というのは目に見えない世界であるだけに、感覚的な女性にとっては、説明を受けないでも自然に受け入れられるのですが、女性よりも現実的につくられている男たちには、「信じられない」「わからない」という人が多かったのです。

けれども、いまや女性の感覚を理解できないようでは、ビジネスもうまくいきません。

私の初めての著書は『女がわからないでメシが食えるか』でしたが、それが出版されたのは、いまから、もう30年以上前になります。

「これからの時代は、女性の感覚、発想、センスを理解できなければ、ビジネスでは成功できない」というテーマで書き進めたものでした。そんな本を書かなければならないほど、当時は現実主義の「男」が中心の社会であったのです。

スピリチュアルを理解する男性がふえたのは、それだけ社会が成長した証《あかし》と私は思っています。

現実主義の人は、生きている世界しか見られません。それはその人自身の力の限界であり、スピリチュアルの世界を理解する人のように、それ以上の想像はできません。

想像の世界は無限です。黄泉《よみ》の国まで行くことができるのです。仮に愛犬、愛猫《びょう》が死んだとすれば、いま黄泉の国で、彼らが幸せかどうかを、知ることができます。

男性と女性で分ければ、女性のほうがそうした想像力に長けています。

残念ながら男性の中で、そこまで透視できる人は少数です。しかし少ないながらも、確実にいます。私も僅《わず》かながら透視することができますが、そういうタイプは、基本的に女性のことをよく知っています。

目に見えないものを信じられるというのは、自分以外の人、自分とは違う見方、考え方をする人を理解する、ということです。

違う生き方に迎合するのでもなく、ただすのでもなく、それを認められるかどうかで、人生の幅は広くも狭くもなるわけです。

現実を見ることは、とても大切です。

少し前のスピリチュアルは、それができていないところがありました。けれども、真のスピリチュアリストといわれるような人たちは、現実の世界もちゃんと見えています。

目に見えないものなんて信じない、というのでは、これからの時代は生きられません。たとえばウイルスだって肉眼では見えませんが、その見えないウイルスに、世界中がおびえたのが新型コロナウイルス禍でした。

見えないもの、自分とは違う存在と、どう共存していくのか。それを考えられる人が、人生の道を開くことができる人です。

第 6 章

慣れない世界で生きる覚悟

真反対主義で優秀な人を追い抜く

時代が変わるときには、それまでのやり方では通用しない、ということを書いてきましたが、では新しいやり方に変えればいいのか、といっても、その方法がいいと認識されるまでには、時間がかかります。

最初は、「そのやり方でいいのか」「そんなふうに考えたら失敗しないか」と、周りからは見られることもあるでしょう。

けれども、自分が信じられたら、それを通してみることです。

ところで、私がいちばん早く知った漢字は「貸家」という文字でした。3歳か4歳の頃に、もう読めただけでなく、書くこともできました。

というのも2歳のとき父が亡くなり、以後、櫻井家は小さな貸家に移らざるを得ませんでした。このとき母は末っ子の私の手を引いて、貸家探しに歩きまわるのでしたが、当時の東京には朱字《あかじ》で「貸家」と玄関に書かれた家が、たくさんあったのです。

それは男手が軍隊にとられて、仕方なく、田舎の実家に帰る家族が多かったからかもしれません。

私は手を引かれながら、その漢字を覚えたのですが、このときの思い出を小学4年生のときに作文に書いて、担任の先生からほめられた記憶があります。

それはともかく、私はこの母から、いろいろな話を聞かされました。なにしろ、私を連れて探し歩かなければならなかったからです。

このときの話に、関東大震災で助かったエピソードがあります。これこそが母の勲章のようなもので、私は何度も何度も聞かされて、耳にタコができるほどでしたが、しかしこのときの教訓が、いまの私をつくったことはたしかです。

関東大震災とは、1923（大正12）年9月1日の、正午になろうとするときに南関東を襲った大地震によって引き起こされた、大災害をいいます。

私はまだ生まれていませんでした。東京の下町、両国の近くに住んでいた母は、家にいた3人の子を連れて逃げたのですが、四方から火の手が上がったようです。その中で大群衆にはばまれて、身動きもできなかったといいます。

このとき母は、近くの陸軍被服廠《しょう》跡地の広い敷地に逃げれば助かると思ったそうですが、そこに行きつく前に焼死すると考え、とっさに大群衆と反対に、千葉方面に逃げようとしたそうです。

「被服廠」というのは、大日本帝国陸軍の中の一つの組織で、軍服を製造していた部署です。後に、この跡地は、関東大震災による火災旋風《せんぷう》（炎を伴うつむじ風）発生の場所として知られるようになります。

つまり、ここが生死の境目になったのでした。被服廠の広い敷地に入った10万人のうち、4万人が焼け死んだのです。

それに対して母は千葉方面に逃れ、偶然見つけた川の中に一晩中浸かって、生き延びたのでした。父は土曜日で働きに出ており、もう家族は助からないものと思い、家の焼け跡に立ちつくしていたそうです。

そこに母が3人の子を連れて戻ったのですから、まさに涙の再会だったことでしょう。

父の第一声は「幽霊か?」というものだったようですが、私には実感がこもった言葉だったと思えるのです。

このときの体験から、母は「大勢の人の反対を行きなさい」が口ぐせになったようです。私もその通りだと思うのです。大勢の人たちと一緒に被服廠に逃げ込んだら、万に一つでも生き残れなかったからです。

大勢の人と同じ道を歩いた場合は、なかには優秀な人が無数にいることでしょう。そんな人を追い抜くには、違う道か真反対の道を行く以外ないのです。

母は無学でしたが、一夜の体験から単純ですが、貴重な教訓を得たのです。

私も母のいう通りだと思います。

優秀な人とまったく異なる才能を発揮しないと、この世の中は渡れません。

どちらに行けばいいのか悩んでいるとしたら、思いきって、真反対の道を模索してみませんか?

それは、ときに孤独な道かもしれませんが、その経験が「新しい人生」「新しい自分」をつくっていきます。

自分にある意外な才能を伸ばそう

「説教強盗」の話を聞いたことがありますか？

古い古い話で、大正末期から昭和初期に起こりました。それほど古い事件にもかかわらず、ウィキペディアにもくわしく載っています。

犯人の妻木松吉は1901年生まれで、亡くなったのは1989年です。

残念ながら私は実物と会ったことはありませんが、この男の犯行を、犯罪ながら、いまでも感心しています。

普通の強盗であれば、家に侵入して金銭を強奪したら、すぐ逃走するのに、この妻木は、朝まで侵入した家で過ごし、一番電車が走ってから、悠々と帰っていくのです。

それだけではありません。なぜ自分がこの家に侵入できたか、なぜ強盗に狙われやすいかを、くわしく話し、家族に説教していたのです。

これは強盗の論理にまったく反しています。それこそ顔も隠して、狙った金銭を出させたら「黙っていろ」と口封じして逃げていくのが、強盗の方法でした。

ところが妻木は自分の素顔も見せて、朝までゆっくりと過ごす、という真反対の方法で、東京中を賑《にぎ》わせたのです。さらに驚いたことに、せっかく自分が欠陥を教えたにもかかわらず、その欠陥を直していないと、再度同じ家に入るということまでして見せています。

強盗をしていいわけがありませんが、この説教強盗の姿勢に人気が高まったのです。妻木はのちに逮捕され、刑期が終わると、警視庁の係官とともに各地で防犯講演を行い、人々を喜ばせました。

まさに多くの強盗、犯罪者の、反対を行くような話ではありませんか?

話は変わりますが、テレビの人気者になった大橋巨泉《きょせん》というタレントがいました。戦争中、彼は千葉県に疎開して、私と同じ成東《なるとう》中学に入りました。3歳下でした。

大橋巨泉は早稲田大学に進みますが、そのとき、自分より勉強のできる仲間が大勢いることに気がつきました。ここで勉強の1番になるのはむずかしいと考え、「それなら遊びで

1番になろう」と決めたといいます。

ここが彼のすぐれていたところで、優秀な仲間がいたら、それを追って猛勉強するのが普通です。ところが、それをしないで、その反対の「遊び」で1番になるという発想はズバ抜けています。そして実際に、彼は学内で麻雀、ゴルフ、ミュージックのナンバー1になったのでした。それがテレビ関係者の目に止まり、一躍《いちやく》、テレビの人気者になっていったのでしたが、彼の場合は自分自身をよく知っていたからということでしょう。

彼にとって幸運だったのは、テレビ局の創立初期の頃で、タレント不足だったことと、「11PM《イレブンピーエム》」という遊び中心の新番組のパーソナリティを探していたことです。その番組によって、大橋巨泉の名が広まったのです。

多くの人たちは、漠然と学生時代を過ごしがちですし、社会に出てからも漫然と働いています。

しかしそれでは、いまの時代は、渡っていけません。何かで頭角を現さないと食べていけなくなってしまいます。

まず自分の才能、センスを知ることです。

理系か文系か、頭脳型か体力型か、自分が楽しむ派か人を楽しませる派か――など、自分というものの基本をしっかり考えて、その中で勝負していくのはどうでしょうか？

そのうえで、人と違う才能を見つけ、育てていくのがいいかな、と思います。

これからは、これまでならば「才能」とはいえないようなものが「才能」として認められていくでしょう。かつて大橋巨泉が「遊び」を才能にしたように。

YouTuberやプロゲーマーも、「そんなことで食べていけるのか」と古い世代の人には理解できないかもしれません。でも、自分の才能を活かしていく道は、いくらでもあります。

それをぜひとも探してほしいと思います。

非常識と反常識はまったく違う

当然のことですが、非常識な人は嫌われます。なぜなら、決められたルールを守らないからです。

挨拶をしない、こちらから声をかけても、返事をしない、謝らない……などなど、意外にも、この種の男女は多いものです。それも外見は普通であり、暴力的というわけではありません。

電車の中でも、この種の人をよく見かけます。足を前に投げ出して座っている。電話をかけている。二人分の席を占領している。高齢者に席を譲らない。非常識としか思えません。

しかしこの非常識は一見すると、常識の正反対に思えますが、そうとはいえません。

私は常識の反対は反常識、超常識ではないか、と思うのです。

普通は、常識的な安い商品のほうが売れるものです。

ところが反常識、超常識でいえば、高い商品が売れることもあるのです。飲食に関する商品などは、高いほうが安心に思えるからです。

時間をかけて勉強したほうが身につくものですが、反対に時間をかけないでも身につく勉強法もあるでしょう。

一般論でいうと、よきパパとママに育てられた子どもほど、優秀になりそうに思えますが、実際にはそうともいえません。

私は若い頃から作家の担当でしたが、東大を出たから、有名作家になれるわけではありません。やくざの仲間に入ったり、深夜まで麻雀や飲み屋で遊んでいる男のほうが、予想外の頭脳の使い方をして、面白い作品を書くのです。

日本ペンクラブの会長にまでなった浅田次郎には、極道小説があります。一時期、やくざの世界に出入りしていたことがあるだけに、彼の作品は実に幅が広く、非常にすぐれています。

三島由紀夫は自衛隊市ヶ谷駐屯地の塔上で自決しましたが、非常識人間ではありませんでした。いつも礼儀正しく、時間も正確に守る、りっぱな常識人でした。

作家は破滅型のほうがすぐれている、と私は信じています。私の知っている太宰治、三島由紀夫、川端康成の3人の作家は、それぞれの理由から自殺しましたが、常識からいうと〝反常識派〟といえるでしょう。

私もこれらの作家とつき合ったから、というわけではありませんが、反常識、超常識派です。それこそ90歳近くにまでなって、午前1時に一日4回目の食事をするのですから、常識的とはいえません。

また30年間にわたって、週に5日間は会社に出社し、週末の2日間は書斎に籠《こ》もって、原稿を書いているのですから、超人といってもいいくらいです。

普通の高齢者であれば、もう毎日のんびり暮らしているか、ベッドの上で病に苦しんでいるか、そのどちらかでしょう。

私ものんびり過ごすという、常識的生活に入れないこともありませんが、コロナウイルスの感染拡大で、緊急事態宣言が発令された期間、私も家に引き籠もっていましたが、それだけで、気分が滅入り、からだの調子も悪くなるようでした。私には、毎日を日曜のように過ごすという生活は、90歳になっても到底ムリだと悟りました。

常識的な生き方をしている人は8割だ、といわれます。反常識的な人は2割ですから、たしかに変人ですが、私はその道を行くほうが、正しいと自認しています。

そして、これからは、そんな反常識的な生き方も受け入れられるし、そんな生き方を実践する人もふえていくでしょう。

狭い道に飛び込む勇気と覚悟をもつ

誰だって広い道を歩いていきたいものです。そのほうが四方が見渡せるので、安全だからです。

大勢で歩いていけば、なおさら安心できそうです。しかしどうでしょう？　何百人も一緒に入学したり入社したとすると、頭角を現すのは大変ではないでしょうか？

私は20代からこれまで、いつでも1番をめざして生きてきました。1番といっても学校の成績ではなく、社会に出てからの自分の勝手な順位です。

直近の成績でいうと、89歳で毎晩、午前3時まで仕事をする男は、私以外にはいないと自認しています。つまり1番です。

89歳のYouTuberも、どうも私一人のようです。

82歳で出版社を立ち上げたときには、ギネスに申請しましたが、84歳で起業した方が一人いたとのことで、それに次ぐ記録だったわけです。

若い頃の成績でいえば、週刊誌の1号あたりの発行部数で、男性誌、女性誌合わせて「147万8000部」という最高記録をもっています。

このように公私ともに合わせて、自分がトップに立っているのは、いくつあるかを考えてみるといいでしょう。

それこそ私的な面でいえば、この高齢で毎朝、私が家を出るときには、家族が私に香水をふりかけてくれます。女性問題の専門家が加齢臭で嫌われてはいけない、というのです。

そんな男は日本広しといえども、私一人ではないでしょうか?

これは若い頃、思いきって「女性もの」という狭い道に飛び込んだ恩恵です。

この狭い道のプロ編集者、作家になったことで、いまでも私は大勢の女性に囲まれています。皆さん、勉強に来られるのです。

しかしこれも、大勢の行く道の反対に進んだおかげです。

いまでこそ女性中心の社会になってきましたが、60年前といえば、まだ「戦後」の時代でした。その頃、「女性週刊誌を出すから、その編集部に行くか？」と上司からいわれても「ハイ、行きます」というには、相当勇気が要りました。

その後、全週刊誌のトップに立った頃、時の総理大臣、佐藤栄作さんから「全週刊誌の編集長と食事会をやりたいので、人集めに協力してくれ」と、依頼がありました。

私は総理夫妻と親しくしていたので、「協力する」と返事をしたのですが、「女性誌編集長は席順がビリになるので、なんとか承知してほしい」と気遣ってくださいました。

その席に行ってみると、部数が最低の新聞社系週刊誌の編集長たちが、偉そうに上位に陣取っています。そのあとに出版社系の男性週刊誌が座り、なるほど女性週刊誌の編集長たちは、首相の顔も拝めないほど下座に位置させられたのです。

そういう時代をへて、現在の女性上位時代になったわけですが、狭い道、少ない顧客しかいない道に入るのは勇気が必要です。

しかし成功すれば、おいしい果実を食べられるのです。どんな道でも、まだ舗装されていない道を歩いてみてはどうでしょうか？

埋もれてしまう生き方を選択しない

私は「大勢」とか「みんな」という言葉が、あまり好きではありません。

子どもたちは表現が単純なので、何か欲しいときは「みんなもってるよ」と表現しますが「みんな」とか「大勢」「いっぱい」という言葉は、非常にあいまいです。

それだけではありません。この表現を使う人は、意外にこの言葉を肯定的に使っています。

「大勢《おおぜい》」は「大勢《たいせい》」とも読み、選挙などで「大勢が決まった」という使うように、それまで日和見《ひよりみ》主義だった人でも、その放送を聞くとなだれを打ったように、そちらに駆け寄ります。

ふだんからこういう言葉を使っている人は、長年の経験からいうと、保守的、守旧派です。それに大ざっぱな性格というか、いい加減というか、ビジネス社会では、それほど喜ばれません。

私は一生を通じて、小さなグループに属してきました。小学校から大学まで、何十人、せいぜい何百人という単位の学校でした。

社会に出てからも百人単位の会社や職場だったので「皆さん」と呼びかけることもありませんでした。

「やぁ元気？」

といえば、全員に通じてしまうのです。

不思議なもので、巨大な組織にいた人ほど寂しがり屋です。小さい組織に移っただけで、心細くなるようです。

定年で小さな別会社に移されると、それだけで辞めていく人がいます。それまで何千、何万人の大会社にいると、小さな組織が屈辱的に思えるのかもしれません。

また大企業の社員ほど、全員がパソコンに向かって同じ仕事をしているので、ちょっと違った仕事をさせようとすると「私にはできません」と、なりがちです。

「大勢」というのは「集団」ということです。その中にいると、一人ひとりの個性もわからなくなれば、一人ひとりの性格もわからなくなりがちです。

そういう人と一緒にいても、無個性のロボットを相手にしているようなものです。

パートナーがいる場合には、寂しい思いをさせたり、イライラさせたりしているかもしれません。

たとえば、来客の際に、私は自分でお茶でもコーヒーでもいれて出します。誰かがしてくれるときには任せますが、せっかく足を運んでくれた方に、のどを潤《うるお》してもらいたいと思います。特に最近の日本の夏は猛暑で、水分をとってもらうためにも、そうしたほうがいいと考えるわけです。

ところが大勢の中で働いてきた人は、そういう気がまわりません。

いや、もっとも不思議なことは、大会社にいて出世したタイプは、エレベーターでも自分でボタンを押さなくなったり、ドアも自分で開けなくなります。その他大勢の「ロボット」がやるものと思っているのでしょう。

じつは自分がロボットになっていることに気づいていないのです。

私は、カルロス・ゴーンが、このタイプの典型だったと思っています。自分以外は人間ではないと思っていたかもしれません。テーブルの上に脚を投げ出して、幹部を奴隷のように使っていたといいます。その写真が広く出まわっていました。

彼はそれを「出世」と思っていたのでしょうが、可哀想な男です。

この社会でもっとも大事なことは、人様から可愛がられることだと、私は思っています。なにも小さい頃だけ、可愛がられるわけではありません。

また女性だけが可愛がられるのではなく、大の男、社会的地位の高い人でも、可愛がられることが必要でしょう。

一人ひとりに目を向けようではありませんか?

いまは「自分はそんな人間にはならない」と思っていても、年をとるにつれて、そうなりがちです。いくつになっても、大勢を相手にするときも、一人ひとり個性があることを忘れないことです。

反常識なことでも好きなことなら続けてみよう

この項は、ムリにすすめる生き方ではありません。私が90年近く実行した方法であり、もしかすると私だから継続できたものかもしれません。

まずその第一は「夜中に働く」という方法です。実際この原稿も毎夜午前3時まで書く予定で、進めています。

普通の人であれば、午前3時どころか、夜中の12時で眠くなるでしょうし、頭が利かなくなります。しかし私はなぜか、深夜になればなるほど、ピッチが上がります。

また、さまざまなアイデアが浮かんでくるのです。これは10代からの習慣かもしれません。

私の高校生の時代は敗戦直後で、夜になると電気が切れてしまい、深夜の2時間ぐらいしか電気が通じませんでした。当時の日本には、それほど電力がまったくなかったのです。大学受験を控えて、午前2時から午前4時の2時間ほどしか、夜は勉強できなかったのです。どうもこのときの習慣が、私のからだに染《し》みついたのか、あるいはまた、大学を出て就職した先が出版社だったため、深夜まで働くのが当たり前の生活が続いています。

さらに私は最初から松本清張先生とつき合ったため、週末は毎週徹夜で話し込んだのです。こういったもろもろの条件が重なり、私の体質を深夜型にしてしまったのかもしれません。

89歳の今でも、この働き方は続いていて、一日の平均睡眠時間は6時間ぐらいでしょうか。あるいはもっと少ないかもしれません。

それでいてこれまで、大きな病気はしていないのですから、幸運というべきでしょう。

もしかすると私に似た体質の持ち主もいるのではないでしょうか？

私の場合は「仕事が好き」という特殊性があります。ここがもっとも重要なところで、自分は一体何が好きなのかを、よく考える必要があります。

「好きこそものの上手なれ」ということわざがあります。

私は人と会うことが好き、書くことが好き、新しい情報が好き、といった性格で、この三つに関しては、食べることより好きです。若い頃はこのほかに、将棋がありました。

もしかするとあなたにも、これに似た「好きなもの」があるのではないでしょうか？

私の場合はたまたま、前述の四つの好きなものがあったので、寝る気が起こらなかったのだと思います。

多くの人は、いわゆる常識の範囲内で生きていますが、私の場合は非常識というより、反常識の道を辿《たど》っています。

しかし好きだという一点で、病気もせず、この年でほぼ全国1位の元気さで、毎日毎晩、書きつづけ、話しつづけています。

そして活発な頭脳活動で、ボケもせず会社にも毎日出勤しているのです。

できれば私の生活形式でなく、精神活動を真似していただければ、少しはお役に立つと思います。

人生は〃ただ一つ〃を決めていればいい

誰でも成功が続くとはかぎりません。

ある料理店のシェフと話していたとき、料理の失敗談に行きついたのですが、このシェフは「反対を試してみる」というではありませんか。

どういうことかというと、味でも醤油がダメなら塩、肉でダメなら魚、魚でも尾のほうがダメなら頭の部分、というように、とりあえず反対のものを、一つだけ挑《いど》んでみる、というではありませんか。

私も耳がダメなら口、太筆がダメなら細筆、右がダメなら左、左がうまくいかなければ右というように、とりあえず反対を選びます。

最近では面と向かって話すだけでなく、テレビ会議システムなどを通じての、セミナーや講演に挑戦し始めています。この反対路線を自分の人生哲学にしては、どうでしょうか？ 大学でも、最近は「Ａ校」より「Ｆ校」志願者がふえているとか。単にＡクラスの大学がむずかしいからＢクラスを選択、というのではなく、もっとずっと下の、Ｆクラスのほうが新しい学科もあり、明日がある！　というのです。

私は若い人に「人生とはたった一つを選ぶことだよ」と話しています。

学校でも一校、会社でも一社、結婚でも一人、住まいでも一軒または一部屋、趣味でも一つ決めればいいのです。

こうしていくと、時間もお金も使わずにすみます。

私の前半生は、この中の住まいに翻弄《ほんろう》されました。正確に数えられませんが、家が貧しかったため、20回以上移転しています。

それによって労力から金銭まで、失ったものは相当なものになります。それとともに、本来なら捨ててはいけないものまで整理したことで、文化的な資料まで紛失してしまいました。

それに懲《こ》りて40代からは１ヶ所に住みつづけていますが、人間一つの身体で、それほど多くは必要ないのでしょう。

私の専門は女性学ですが、男たちは離婚も1回なら何とかなっても、2回離婚したら人生破滅です。2回分の慰謝料を払わなければならないとしたら、絶望です。

子どもがいたら1回の離婚でも、1年に50万円くらいは養育費を払わなければなりません。そう考えると、1回のチャンスに賭ける大切さがわかってきます。

自分自身の立場や性格を、よくわかることが必要でしょう。私は男女とも35歳あたりが、人生でもっとも大事な年齢だと思っています。その年齢で、社会年齢というものが決まるからです。

個人の年齢、自分の年齢ではなく、社会的に未熟かしっかりした人間になっているか、その分岐点だからです。

しっかりしていれば、多くを望まず何事も一つに集中できます。反対にまだその年齢になって、もっといい人生がないかウロウロしていたら、苦しい一生になりかねません。

第 7 章

変化の先の未来を呼び込む

仕事だけしかない人生にしない

人間はある年齢に達すると、その地位や職業より、人間力が重要になります。私はマスコミ人なので、これまで多くの経営者や政治家、あるいは作家、学者などとつき合ってきましたが、何度でも会いたいという人もいますが、一回でごめん、という人も少なくありません。

自分のことしか話せない人、あるいは人の批判ばかりする人が、意外に多く、何が楽しくて生きているのか、疑問に思うことがあります。

それこそ江戸時代までは、一つのことにのめり込むタイプでよかったでしょう。なぜなら一日が短かったし、行動半径が小さかったからです。

しかし現代は一日24時間、動きまわれますし、行動範囲は地球全体に及んでいます。話題はどこに飛び火するかわかりません。

またニュースも以前は新聞、テレビだけでしたが、それが週刊誌からネットに及び、いまや家庭に入った女性も子どもたちも、ビジネスマンと同じ情報を共有しています。

それだけに、いつもいつも同じネタばかり話すようでは、いまの時代に合わないでしょう。現在トップを走る人は、常に最先端の複数の情報をもっているものです。

たとえば、みんながオンライン飲み会の話をしていて、まだ自分は参加したことがないとしたら、「ぜひ自分も入れてほしい」と頼み込むべきです。聞いただけの情報では、真の情報とはいえません。話すなら、失敗でもいいから、経験談を話しましょう。

あるいは仕事の話はできても、暮らしや文化の話になるとムッツリ黙ってしまうようでは、楽しい話の渦《うず》の中には入れません。

もちろんそれでもかまいませんが、仮に上司がその光景を見たら「こいつに大事なことは任せられない」と思うことでしょう。

これはほんの小さなことですが、意外にも相当多くの男女は、話の渦中《かちゅう》に入れません。

しかしそうなると、つまらない人間になってしまうのです。

20年ほど前になりますが、少しだけおつき合いさせていただいた方で元警視総監がいました。「警視総監」というと、いかめしい男を想像するでしょうが、この方は話もうまいし、女性を引きつける魅力も尋常ではありませんでした。

名前を明かせば、古い方ならよくご存じの秦野章《はたのあきら》さんですが、じつは秦野さんの前後の総監には、原文兵衛、土田國保、今泉正隆さんなど、魅力的な方が歴任していました。なぜかこの時期に、人間的な方々が多かったのです。

また検事総長まで務めた吉永祐介さんは、泣く子も黙る元・特捜検事でした。私は何度か取り調べを受けましたが、吉永さんから通知が来ると、喜んで特捜検事室に向かったほどです。

取り調べに人間味があったのです。この吉永さんは推理作家の松本清張先生に興味をもっていて、私が先生と親しいことを、最初から知っていたのです。さすがに特捜だ！　と思いましたが、先生の作品には非人間的な検事だけでなく、逆に人間味溢《あふ》れる検事も出てきます。その辺のことも含めて、私から、清張先生の作品や人柄を知りたいと思ったのでしょう。

これらの堅い職業の人ほど、仕事だけの人生にはしていません。それができるというのは、それだけ心が広いし、人間味も豊かだ、ということだと私は思います。

1990年代は、平成不況と呼ばれた時期でした。不思議なことに、不況時のほうが人間的な温かい男女がふえてきます。

それというのも、不況であるがゆえに、仕事だけに徹するというわけにはいかない、ということがあるからかもしれません。

景気のいいときには、仕事が優先になりがちです。バブル期がまさにそうでした。バブルというと遊びのイメージをもたれがちですが、遊びの相手は仕事の関係者ばかりだったのです。

新型コロナウイルス禍のあとには、大不況が襲ってきます。そうなれば、仕事に徹することがよいように思うかもしれませんが、じつは、そんなときこそ、人間力を大事にしていきたいものです。そうすることで新しい絆《きずな》ができ、人脈が生まれるかもしれません。

人脈は金脈を生むといわれますが、大不況にも負けない力を与えてくれるはずです。

古いものは思いきって捨てよう

ともかく私は、新しいものが好きです。

仮に私が徳川時代に生きていたら、日本に初めてやってきた象を見に、江戸でじっと待っていないで、長崎まで飛んでいったかもしれません。

いまであれば、少しニュースとしては古くなりましたが、ＮＩＫＥの厚底ランニングシューズが欲しくてたまりません。自分で履いて経験してみたいのです。

あるいはまた四国の室戸にある「むろと家族水族館」にも興味があります。廃校になった学校を水族館にした、というのです。プールの中を泳いでいるウミガメを見てみたいし、サメの泳ぐ姿も見てみたいのです。

多くの人は安定したもの、でき上がったもの、定位置にあるものが好きです。

それは見ていて安心だし、評価が定まっているからです。人間は評価の定まったものに弱いものです。

目の前の人物が有名経営者だ、テレビに出演しているベストセラー作家だ、といわれたら誰でも安心してしまうし、それだけの実力があると思ってしまいます。

こういう安定志向の人は、名前の通った大学や大企業に入りたいものです。

中原中也《ちゅうや》という詩人がいました。彼の両親は代々医者の家系だったので、息子をいい大学に入れたくて夢中でした。しかし彼はそんな生活を嫌い、女優と同居して、京都から東京に行ってしまいました。両親はそんな息子を遠ざけてしまったのです。

わけのわからない詩人なんかになってしまい、おまけに30歳という若さで生涯を閉じたのです。両親にしてみれば、世間から「素晴らしい息子」と、称賛されたかったのでしょう。

そしてまさかその息子が、死後にベストセラー詩人として、昭和文壇史に名を残すようになるとは思いもしなかったでしょう。

このようにどこの両親も、特に世間の評価が決まった大企業に、子どもたちを入れたがるのです。そして実際、若者たちの多くは有名大学、有名企業に入っただけで、満足するのではないでしょうか。

しかし今日の有名が、明日も明後日も有名か、というと、それはどうでしょうか？　下手をすると一挙に転落、ということはいくらでもあります。

私の就職期には「三白景気《さんぱくけいき》」といって、紙、パルプ、繊維、製糖といった「白」に関連する企業が大ブームでした。しかし、あっというまにブームは去っています。

２０１９年はホテル・旅館・商社・不動産賃貸業は好景気でしたし、絶好調でした。だからといって、その経験が続くかといえば、ノーです。というより、その翌年にはコロナウイルス禍によって、一転、ホテル、旅館、不動産は大不況となり、内定取り消しの憂《う》き目にあう大学生も少なくなかったようです。

いつの時代にも安定したものはありません。いまは誰でも1回や2回は転職しなければならないのです。まして長生き時代です。むしろ常に、次の芽を発見するようでないと、後半生が苦しくなります。

不安定かもしれませんが、新しいもの好きになりませんか！

競争相手が少ないジャンルを狙う

人生の選択に迷ったことはありませんか？

普通の人間であれば、どちらの味方をするか、迷ったことがあるはずです。それというのも、どちらが「正しい、間違い」といえないこともあるからです。

学校でも、1校だけ合格すれば問題ありませんが、2校、3校も合格してしまうと、ぜいたくな悩みとなります。

どの学校に進むか、それこそ考えてしまいますが、大体において、親や大人のすすめる道には行かないほうがいいのです。

それはなぜなのか？

情報が古いからです。また成功の考え方も古いのです。うっかりすると、大人の青春時代に「あの学校がよかった」「あの学部がよかった」という、古臭い情報で決める場合があるからです。

就職もそうです。いまの時代のトップ企業は、若い人が壮年になる頃には、衰えているのが普通です。100年も保つ企業はほとんどない、というのが業界の常識です。

私は大学受験のとき、語学志望だったので、東京外国語大学のロシア語に入りたいと思っていました。ロシアの文学がこれから伸びる、と思ったからです。

ところが兄たちは「外語だったら英米科に行け」と、強硬でした。それは当然で、米英との戦いに負けたのですから、英語の話せる学生は、就職先に困らないからです。

しかし私は、あまりソントクを考えない性格で、好きな文学を、その国の言語で読みたいと、純粋に思っていました。それに競争率も低かったのです。

その私の考えに母が賛成し、「秀勲の思う通りにさせなさい」と、兄たちを説得してくれたのです。

この考え方は前に書いた関東大震災で、反対に逃げて助かった母の人生訓になっていたのでしょう。そして母の「反対を行け」は、私にも伝染してしまったのです。

こうして私はロシア語科に入り、4年間勉強したのですが、私は学生の間に、ほぼ講談社に入る道筋ができてしまったのです。

たまたまロシア文学がブームになったことと、やはり学ぶ人の少ない学科、学問は、大会社には、希少価値として喜ばれるのです。私の学年では、タイ語を学んだ卒業生は5人以下だったと思いますが、全員早くから就職が決まって、英米科の学生たちからも、羨ましがられていました。

それは当然で、新聞社、商社、外務省、語学出版社、などで必要な語学であり、人材だからです。ところが英米科になると、どの大学でもこの語学に力を入れるので、競争相手の卒業生が溢れてしまったのです。

このように人生行路の選び方はむずかしいもので、広い道よりも狭い道を行ったほうがトクする場合のほうが多いと、私は信じています。これは学校選びだけでなく、企業選びでも同じだと思います。

就職で安定と安心を求めない

企業選びでは、歴史のある大企業は捨てておきましょう。

安定と安心を求めるなら、中小企業より大企業を選びたくなりますが、新型コロナウイルス禍の中、１００年以上続いたレナウンも倒産しました。

大企業に入ったら安心などというのは、バブル以前の話といっても過言ではありません。

これからの可能性に期待するなら、スタートアップ企業をめざすことです。

あるいは古い会社でも、最先端の技術をもっているか、古い殻から脱皮したいという勇気をもっているか、その辺をしっかり見極めるべきです。

いま現在の給料が高いから入りたい、というのは、一つの選択肢で、「経験を積むだけ」「すぐに転職するつもり」ということもあるでしょう。でも、「給料が高いから、この会社は安心だ」とはならないことは、肝《きも》に銘《めい》じておかなければなりません。

昭和の時代は、終身雇用制が当たり前でした。そうであれば、会社の大きさや給料の高さがモノをいいますが、いまは違います。

これから10年先、20年先はどうなっているかわからないのです。

「一寸先は闇」という言葉があります。ほんのちょっと先のことでも、見通すのがむずかしいのに、何十年先となったら、どうなっているのか、変化を読むことは不可能です。

大阪府警の調査によると、管内で一日に平均すると1件以上、年間にすると382体の孤独死が発見されるといいます。

それも70代以上が26・4%で、65歳未満は29%です。なかでも40代と50代だけで、18・4%の男女が独りで死んでいるところを発見されているのです。

このことは何を意味するのでしょうか？　20代で社会に出て働き始めてから20～30年後に、その職もなくなり、さらに新しい仕事につけなかった、ということなのです。

これだけ多くの人たちが、社会で働くことに失敗しているのですから、選ぶべき仕事や職業の大切さがわかります。いえ、その前に学校や学科の選び方も、残念ながら、間違えていたのかもしれません。

少なくとも予見できるだけの未来の光景を映し出してみてはどうでしょうか？　予知できる世界のあり方、情報を集めてみてはどうでしょうか？

そんな風景の中で、生き残っている職業を数え出してみるのです。それも、大勢が集まりすぎるような会社や仕事は、この際、外してみませんか？

私は若い頃から、みんなが嫌《いや》がる、もっとも忙しい仕事と、誰もが嫌がる夜の仕事を選んできました。私の場合は、まだ先を読む力がなかったので、なるべく同期の仲間たちが、やりたがらない仕事を選んだのでした。

これも一つの選択方法ではありますが、もっとも素人らしい方法です。できればもっとレベルの高い方法で選ぶほうがいいでしょう。

その際、まず捨てなければならない条件は、「給料が高い」というものです。給料が高いということは、そのときがピークだと考えられます。

反対に選ぶべきは、小さな企業で、待遇はいまひとつでも、売り上げが伸びつつある、という選択法です。

これからは、いままでは一般的とはいえないような種類の企業に注目する、というのも面白いでしょう。あるいは経営者が若年の、スタートアップ企業もいいかもしれません。新型コロナウイルス禍をへて、新しい生活スタイルが生まれようとしています。それまでは見たことも聞いたこともなかったようなビジネスが、いつのまにか定着していく、ということがあります。

そんなビジネスは、最初は安定も安心もないでしょうが、だからこそ「伸び代《しろ》」に期待できます。

その起業がもしも中国や米国にあるようなら、狙ってもいい企業ではないでしょうか。なぜ、中国と米国かといえば、そこで定着すれば、大きな数でビジネスができるからです。

もちろん日本から始める、始めている企業もダメではありませんが、日本だけでしか売れないものより、世界で売れるもののほうが、ビジネスとしては大きくなれます。

昔なら、国民性の違い、環境の違い、あるいは物流の問題で、日本で成功したビジネスが、世界で通用するとはかぎらないということがありましたが、いまや、その境界はなくなっています。これからは、もっとそれが簡単になると考えていいでしょう。

何の業種かわからない社名がいい

仕事を始めるなら、業種にこだわらないほうがいい、と私は思っています。

こんなことをいまさらいうのは、よほど遅れた考えかもしれません。しかし現実には、有名大学を出た秀才ほど、銀行とか自動車、鉄鋼、電機、情報などの大手に就職するといわれています。

しかし現実は、そう単純ではありません。それらの基幹産業は次第に苦しくなっています。すべての産業は世界と競合しなければならず、米国は当然として、中国、韓国、台湾でも、日本を凌駕する大企業がいくつも育っています。

また日産自動車のように、外から見ると世界的な企業ですが、経営権が外国企業、つまり大半の株式をルノーに握られているような、むずかしい企業も多いことでしょう。

「いい会社に入った」と家族で大喜びしていても、他国に売られたり、他国の経営者が乗り込んできて、出世の芽を、あっという間に絶たれることも、まれではありません。

あるいは40歳を過ぎたら、早期退職を勧められたり、下手をすると追い出し部屋に配属されないともかぎりません。この部屋に入れられるのは、自己都合退職に追い込むためで、会社都合にはならないので、退職金も少なく抑えられてしまいます。

なぜそんなことになるかというと、若い社員のほうが、ネットの最新知識をもっているだけでなく、技術的にも上の場合が多いからです。

これからは10代社長がふえる「若年化社会」になるような気がします。

18歳で成人になると、若手の経営者が続出し、社会が変化することでしょう。

いま現在、パソコンに向かって何十人、何百人の仲間と同じ仕事をしている人たちは、間違いなく早期退職組になるでしょう。

まさに私の母が体験した、陸軍被服廠跡地の庭に向かって歩いた人々のように、一人ずつの運命でなく、何万人が一緒の運命になってしまうのです。母はこの体験から、自分で自分の運命を決める方向に、息子の私を歩かせたかったのだと思います。

「楽天」という会社は最初、インターネットショッピングモール「楽天市場」という新しい事業でスタートしました。社長の三木谷浩史氏は、32歳という若さでした。

たしか一人5万円出せば、ネット上に店を開ける、ということで、一体何が起こったのだろう、という騒ぎになりました。私にも「出店しろ」と仲間から話が来ましたが、その頃は何の店を出していいのかわからず、断ってしまいました。いまから20年以上前の1997年のことでした。当時の私には、先を見る目がなかったのです。

それが現在では、資本金2000億円を超える大企業になっています。

いまは何の仕事か、はっきりわからない大企業のほうが大きくなる可能性を秘めています。たとえばトヨタ自動車は、自動車会社から街づくりの会社、空飛ぶタクシーの会社になる、といわれています。それに対してパナソニックは、電機企業から一歩踏み出せないでいるようです。

そんなことを考えながら、「この会社は何をやるのだろう?」と首をひねるような企業を探してみるのはどうでしょうか?

いまの私なら、そんな冒険をしてみたいと思います。

設計通りにならないから人生は面白い

ビジネスは、あまり精密に考えてスタートするのはどうでしょうか？

２０１９年11月、中国の武漢市から発生したコロナウイルスは、またたく間に全世界に広がり、多くの人を死亡させたり数え切れないほど多くの企業を破滅させました。

このような大事件は本当にレアケースでしょうが、しかし歴史を振り返ってみると、それほど珍しいわけではありません。

ウイルスでいえば１９１８年の「スペイン風邪」を筆頭に、２００２年のＳＡＲＳ、２００９年の豚インフルエンザなど、今回の新型コロナを含めると、１００年間に４回も世界を恐怖に陥《おとし》れています。

さらに金融の世界恐慌もあります、近くは２００８年9月のリーマンショックで、金融破綻を起こしましたし、1991〜3年の複合不況で、日本のバブルは崩壊し、長いあいだ元には戻りませんでした。

こう考えていくと世界経済というものは、数年に一度は思いがけない破綻を起こしているものです。

これは学生の就職にも影響していきます。さらには中高年層の定年にも影響を及ぼします。仮に定年が何年か先、と計算して、退職後の生活をしっかり考えたとしても、その通りに進むことは、むしろ珍しいのです。

自分では経済誌をしっかり読んで、悪くないビジネスに進んだと思っても、経済はその通りに進んではくれません。

そうだとすれば、あまり先を計算しても、ムダになるのかもしれません。特に2020年のコロナウイルス大恐慌は、2月頃から始まっています。

その年の世界と日本経済は、始まったばかりでした。それこそ「週刊ダイヤモンド」は〝2020年総予測〟と銘打って「この企業、この株が高くなる！」と売り出したところでした。

それを信じて（信じる人のほうが正しいわけですが）大きく金を動かしたり、子どもの就職先を決めた人もいるでしょう。それらの人たちは真剣に考えすぎたゆえに、もしかすると失敗したかもしれないのです。

生きていると思いがけぬ事件や事故にあうものです。私の友人でも、真面目に真剣に生きていた人が成功したわけではありません。

かつてカミュという作家は『ペスト』という小説で、何の罪もない子どもまで死んでいく人生の不条理を書きました。ドイツの作家、カフカは『変身』という小説により、ある日突然、巨大な虫になってしまった青年の話を書いています。なぜ自分だけ、嫌われる毒虫になってしまうのか？

いまは日本でも、真面目に長年勤めた社員を、早く退社させようと、退職部屋と呼ばれる「狭い部屋」に閉じ込める会社が何社もあります。これ以上の不条理はありません。

私はそういう裏側の社会をよく知っているだけに、人生設計はあまり細かく設計しないほうがうまくいく、と考えています。参考にしていただければ幸いです。

著者プロフィール

櫻井秀勲（さくらい・ひでのり）

1931年、東京生まれ。東京外国語大学を卒業後、光文社に入社。遠藤周作、川端康成、三島由紀夫、松本清張など文学史に名を残す作家と親交をもった。31歳で女性週刊誌「女性自身」の編集長に抜擢され、毎週100万部発行の人気週刊誌に育て上げた。55歳で独立したのを機に『女がわからないでメシが食えるか』で作家デビュー。以来、『人脈につながるマナーの常識』『今夜から!口説き大王』『寝たら死ぬ!頭が死ぬ!』『子どもの運命は14歳で決まる!』『老後の運命は54歳で決まる!』『劇場化社会』『70歳からの人生の楽しみ方』『80歳からの人生の楽しみ方』『誰も見ていない書斎の松本清張』など、著作は210冊を超える。

◉著者公式ホームページ
https://www.sakuweb.jp/
◉オンラインサロン「櫻井のすべて」
https://lounge.dmm.com/detail/935/
◉オンラインサロン「魔法大学」
https://salon.kizuna-cr.jp/wizard-academy/

新しい時代は「逆転の発想」で生きる
「いままで通り」より大切なこと

2020年8月20日　初版第1刷発行

著　者　櫻井秀勲

発行者　岡村季子
発行所　きずな出版
東京都新宿区白銀町1-13 〒162-0816
電話 03-3260-0391
振替 00160-2-633551
http://www.kizuna-pub.jp/

ブックデザイン　福田和雄（FUKUDA DESIGN）
編集協力　ウーマンウエーブ
印　刷　モリモト印刷

ISBN978-4-86663-116-5

きずな出版

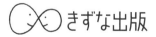